Selbstversorgung
aus Haus und Garten

Selbstversorgung aus Haus und Garten

A. und G. Bridgewater

EDITION XXL

Erstveröffentlichung in Großbritannien 2007
unter dem Titel „The Self-Sufficiency Specialist"
by New Holland Publishers Ltd

Copyright © 2007
New Holland Publishers UK Ltd

Genehmigte Lizenzausgabe
EDITION XXL GmbH
Industriestraße 19
64407 Fränkisch-Crumbach 2015
www.edition-xxl.de

Übersetzung: Katharina Lisson, Tatjana Lisson

Layout, Satz und Umschlaggestaltung:
design cat GmbH

ISBN (13) 978-3-89736-246-8
ISBN (10)   3-89736-246-5

Inhalt

Vorwort

Wir wissen es schon seit vielen Jahren und die Warnzeichen sind nicht zu übersehen: Wir vergiften unsere Umwelt und werden jetzt mit den Folgen konfrontiert. Unsere ehemals grüne und üppige Mutter Erde ist krank. Es handelt sich dabei nicht um eine versteckte Krankheit; die körperlichen Symptome sind für uns alle deutlich sichtbar: Die Luft ist verschmutzt, die Wälder werden abgeholzt, der Kohlendioxidausstoß steigt ständig an. Der Treibhauseffekt ist heute eine messbare Größe, unsere Nahrungsmittel enthalten so viele Giftstoffe, dass sie uns krank machen, die Fischbestände gehen zurück, der Meeresspiegel steigt und es herrscht ein Klimachaos. Und jetzt die gute Nachricht: Selbstversorgung aus Haus und Garten zeigt spannende, dynamische und praktische Wege, wie wir ein bescheideneres, grüneres und sauberes Leben führen können. Jetzt ist Schluss mit Herumsitzen und Herumjammern, dass die Probleme so schlimm sind, dass sie überhaupt nur noch von den Mächtigen dieser Welt gelöst werden können.

Selbstversorgung aus Haus und Garten bietet praktische, ausführliche Beschreibungen einer Lebensweise, die unseren Planeten beleben und stärken kann. Stellen Sie sich ein Zuhause vor, das völlig unabhängig ist von öffentlicher Versorgung wie Strom und Wasser; denken Sie an ungiftige, gesunde Bionahrungsmittel, frische Luft, selbst angebautes Obst und Gemüse, mehr Bewegung, weniger Umweltverschmutzung. Sie und Ihre Kinder leben, arbeiten und spielen in einer Welt, in der es gesunde Tiere und Pflanzen gibt. Selbstversorgung aus Haus und Garten zeigt Ihnen einen realisierbaren, praktischen und bahnbrechenden Weg nach vorne.

Die Haltung von Nutztieren hat für Selbstversorger viele Vorteile.

Rechts: Es ist immer ein Grund zur Freude, selbst angebaute Früchte und Gemüsesorten zu ernten.

Und los geht's!

Was bedeutet Selbstversorgung?

● Was gehört alles dazu?

Selbstversorgung ist eine umweltverträgliche Lebensform, die beinhaltet, dass man so weit wie möglich autark ist. Genauer gesagt heißt das: Sie bauen Ihr eigenes Biogemüse an, halten sich Nutztiere und verbrauchen weniger Elektrizität und fossile Brennstoffe (Erdgas, Erdöl und Kohle). Wenn Sie Ihre Ernte lagern und einen großen Teil Ihrer Zeit damit verbringen, das Land zu bestellen, haben Sie schon einen großen Schritt in die Selbstversorgung getan.

● Fragen, die Sie sich stellen sollten

Vielleicht träumen Sie schon lange von einem Leben mit Selbstversorgung, aber wie können Sie Ihre Ideen in die Realität umsetzen? Die folgende Liste von Fragen hilft Ihnen bestimmt bei der Planung eines autarken Lebensstils, der auf Ihre Bedürfnisse zugeschnitten ist.

Lebensstil

- Soll Ihr Leben mit Selbstversorgung eine allumfassende Lebensphilosophie sein – etwas, das jeden Aspekt Ihres Alltags berührt – oder wollen Sie lediglich ein paar Bereiche verbessern?
- Wollen Sie alles auf einmal verändern oder Schritt für Schritt vorgehen?
- Wenn Sie einen Partner oder eine Partnerin haben – und dieser Aspekt ist außerordentlich wichtig: Ist er oder sie genauso begeistert von der Idee?
- Soll Ihr Traum-Zuhause in der Stadt oder auf dem Land sein?
- Können Sie Ihren Traum in Ihrem momentanen Zuhause verwirklichen, indem Sie Felder und einen Schrebergarten pachten?
- Möchten Sie einen kleinen Bauernhof mit einem halben oder einem ganzen Hektar Grund bewirtschaften?
- Wollen Sie biologischen Anbau betreiben?

- Wollen Sie in allen Bereichen umweltfreundlich sein – Zuhause, Nahrung, Kleidung, Gebrauchsgegenstände?
- Wollen Sie Ihre ganze Zeit in die Selbstversorgung investieren oder suchen Sie einen Kompromiss, z.B. eine Teilzeitstelle, um die Selbstversorgung zu unterstützen?
- Wollen oder müssen Sie Ihre berufliche Laufbahn total verändern, um einen beruflichen Weg zu finden, der Ihnen die Selbstversorgung ermöglicht?
- Können Sie Ihr Haus in der Stadt verkaufen und mit dem Geld ein Haus in einer preiswerteren Gegend kaufen, z.B. auf dem Land oder im Ausland?
- Können Sie sich mit seelenverwandten Leuten wie Freunden, Familie oder einer Kommune zusammenschließen?

Ernährung

- Möchten Sie einen traditionellen Kleinbauernhof mit Hühnern für Fleisch und Eier, einer Kuh oder Ziege für Fleisch, Milch und Käse und Feldfrüchten/Getreide für sich selbst und die Tiere?
- Ernähren Sie sich vegetarisch? Wenn ja, was hat das für einen Einfluss auf Ihren Lebensstil?
- Wollen Sie biologisch anbauen?
- Möchten Sie sich mit Nahrung komplett selbst versorgen?

Eine kleine Windkraftanlage erzeugt ausreichend Strom für die Beleuchtung eines durchschnittlichen Einfamilienhauses.

Energie

- Streben Sie an, völlig unabhängig zu sein und ohne Wasser-, Gas- und Stromversorgungsnetz auszukommen?
- Wollen Sie leben wie die Menschen früher und versuchen, ohne Strom auszukommen? Oder beschäftigen Sie sich mit der Zukunft und suchen nach Hightech-Lösungen?
- Wollen Sie eine Windturbine haben?
- Planen Sie den Bau einer geothermischen Anlage?
- Planen Sie eine starke Wärmedämmung für Ihr Zuhause?
- Werden Sie Ihr Auto abschaffen und sich für ein anderes Transportmittel entscheiden? Oder tauschen Sie Ihr Auto in ein umweltfreundlicheres, weniger Benzin verbrauchendes Modell um?
- Wollen Sie ein Bohrloch oder einen Brunnen?

Tiere

- Werden Sie Nutztiere wie Hühner, Schweine oder Bienen halten?
- Wenn Sie kein Vieh halten, womit wollen Sie das Land düngen?
- Wollen Sie das Vieh in erster Linie für Ihre eigene Ernährung – Eier, Milch und Fleisch – oder wollen Sie Überschuss verkaufen?
- Wenn Sie vorhaben, Tiere zu halten (z.B. eine Milchkuh): Haben Sie sich Gedanken über die damit verbundenen Aufgaben gemacht wie z.B. über Füttern, Wohlergehen der Tiere, Melken, 24-Stunden-Versorgung?

Die Vorteile der Selbstversorgung

● Was bringt mir die Selbstversorgung?

Die Vorteile sind allumfassend und jeder Aspekt des täglichen Lebens wird davon berührt. Die Nahrung ist gesünder und frei von Chemikalien, Konservierungsstoffen, Geschmacksverstärkern, künstlichen Farbstoffen, Herbiziden und Pestiziden. Sie fühlen sich der Natur näher. Sie verbrauchen weniger (nicht erneuerbare) fossile Kraftstoffe. Die Benzinrechnung wird kleiner, Sie haben weniger Stress und leben ein gesünderes, aufregenderes, bereichertes, zufriedeneres und fürsorglicheres Leben.

● Energie sparen

Ein kurzer Blick auf den Durchschnittshaushalt zeigt uns, dass die meisten von uns nicht nur gierig Energie nutzen – wir wollen immer größere Häuser, größere Autos, usw. – sondern darüber hinaus auch noch einen Großteil der verbrauchten Energie verschwenden. Überall in unseren Häusern und in unserem Leben wird Energie verschwendet. Wenn wir die Selbstversorgung einmal nur von der finanziellen Seite betrachten, wird klar, dass wir Geld sparen können, indem wir unseren Energieverbrauch durch das Ausmerzen von ein paar undichten Stellen drastisch verringern können.

Sehen wir unsere Ausgaben einmal genauer an – Heizung, Kühlung, Beleuchtung, Wasser, Abwasser, Transport usw. Wenden wir dann das Motto der Selbstversorgung an, das „wenig rein und wenig raus" lautet, wird schnell klar, dass wir unseren Energieverbrauch überdenken müssen.

Können wir das Problem an beiden Enden gleichzeitig angehen, also weniger verbrauchen und damit weniger Abfallstoffe produzieren? Es wäre wunderbar, wenn wir uns große, einschneidende und kostspielige Veränderungen leisten könnten, aber die meisten können wohl am ehesten Energie sparen, indem sie Kleinigkeiten verändern. Versuchen Sie nicht, alles auf einmal zu machen; es ist viel besser, ein einzelnes Thema, wie z.B. Beleuchtung, richtig anzugehen und dann erst zum nächsten überzugehen.

Wir könnten alle unsere Heizkosten sofort senken, indem wir uns wärmer anziehen, dickere Vorhänge anbringen, uns mehr bewegen und die Heizung herunterstellen. Das klingt alles recht vereinfacht, aber es ist auf jeden Fall ein Anfang.

● Energiestatistik

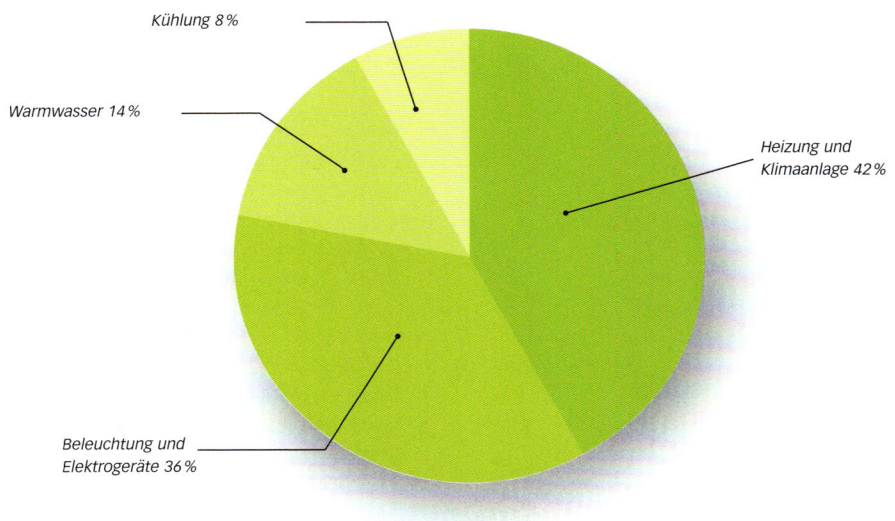

Kühlung 8 %

Warmwasser 14 %

Heizung und Klimaanlage 42 %

Beleuchtung und Elektrogeräte 36 %

Die Energiekosten hängen natürlich von Ihrem individuellen Verbrauch ab.

- **Wärmedämmung** – jeder Haushalt gibt fast die Hälfte seines Energiebudgets für Heizung und Kühlung aus. Wir wissen, dass viel davon durch die Baustruktur einfach nach außen dringt. Daher können wir sehr viel Geld sparen, wenn wir unser Haus mit einer Wärmedämmung versehen.
- **Windturbinen** – jeder Haushalt gibt etwa 35 % des Energiebudgets für Beleuchtung und Elektrogeräte aus. Wenn jeder Haushalt nur eine kleine kostengünstige 1 kW-Turbine installieren würde, Energiesparbirnen verwenden würde und insgesamt weniger Lichter anhätte, würden die Kosten um etwa 50 % sinken.
- **Geothermie (Erdwärme)** – hier kann man die Einsparungen nicht so leicht in Zahlen ausdrücken. Was man aber sagen kann ist, dass der „Coefficient of Performance" (COP) – also die verbrauchte Energiemenge im Vergleich zur produzierten Energiemenge (bei Kohle z. B. 70–80 %, bei der Geothermie etwa 400 % beträgt. Vielleicht ist das etwas übertrieben, aber die geothermale Energie ist mindestens doppelt so effizient wie herkömmliche Brennstoffe, und damit können die Kosten um 50 % gesenkt werden.
- **Solarenergie** – hier gibt es sehr viele Möglichkeiten: passiv Heizen und Kühlen; Sonnenkollektoren, die Wasser erhitzen; photovoltaische Zellen, die Elektrizität produzieren usw. Es ist unmöglich zu sagen, welche Methode die beste ist Mit Bestimmtheit kann man aber sagen: Wenn wir Passiv-Isolierung mit passivem Solar-Energie-Gewinn verbinden, können wir unsere Energiekosten mindestens um die Hälfte reduzieren.

Die Umwelt

In der westlichen Welt produziert jeder Mensch im Jahr durchschnittlich etwa 450 kg Müll. Um den Energieverbrauch zu senken und die Umweltverschmutzung zu verringern, müssen wir ganz einfach weniger konsumieren und damit weniger Abfall produzieren. Wir können weniger Wegwerf-Produkte wie kurzlebige Güter und Verpackungen kaufen. Wir können außerdem mehr recyceln. So verringert sich der Konsum und damit die Umweltbelastung. Da Effizienz und Erhaltung die Hauptbestandteile der nachhaltigen Energieversorgung sind, sollten wir das Problem am besten angehen, indem wir unseren Bedarf an netzabhängiger Energie reduzieren. Wenn wir alle ein bisschen dazu beitragen würden, wäre das Problem schon halb gelöst.

Für viele Neueinsteiger in die Selbstversorgung ist es schwer, den Fokus und die Ausgewogenheit beizubehalten. Ich kenne ein Paar, das alles tut, um sich selbst zu versorgen: Sie halten Legehennen und Bienen für Honig, sie bauen selbst Obst an, halten Kurse für einen kleinen Verdienst usw. Sie machen sich über alle Aspekte der Umwelt viele Gedanken – Autos, fossile Brennstoffe, biologisch angebaute Nahrungsmittel – während die Nachbarn Benzinschleudern fahren und dem Konsumwahn verfallen sind. Was kann man da machen? Die Antwort ist wunderbar einfach: Wir leben in einer freien Gesellschaft, in der alle innerhalb der Gesetze tun und lassen können, was sie wollen. Die Nachbarn sind berechtigt, ihr Leben so zu leben, wie es ihnen passt. Ich rate dem Paar, ihren bewussten Lebensstil einfach so weiterzuleben – sie sollen nur nicht versuchen, den Nachbarn vorzuschreiben, wie diese zu leben haben. Sie können nur hoffen, dass sich die Dinge um sie herum langsam zum Besseren ändern – kleinere Autos, Anregung zum Recyceln usw.

Selbst angebautes Bioobst und -gemüse ist aus vielen Gründen die beste Option – es schmeckt besser, ist gesünder und der Anbau macht Spaß.

Biologischer Anbau

Selbst die hartnäckigsten Vertreter konventioneller Anbaumethoden – jene Leute und Organisationen, die jahrelang Hecken entfernt haben und überall künstlichen Dünger, Chemikalien und Pestizide benutzt haben – kommen langsam darauf, dass die Zukunft dem biologischen Anbau gehört. Der Grund für diese Kehrtwende der Regierungen ist, dass Forschungsergebnisse eindeutig zeigen, dass die in der Landwirtschaft angewendeten Chemikalien und Pestizide sehr schädlich sind. Die vielen Lebensmittelskandale der letzten Jahre haben gezeigt, dass wir jetzt mit den Auswüchsen der konventionellen Landwirtschaft konfrontiert werden. Es ist eine ganz simple und logische Tatsache: Wenn wir heute den Acker mit Gift besprühen, landen diese Gifte morgen auf unserem Teller.

Natürlich können wird die negativen Aspekte der konventionellen Landwirtschaft nicht ignorieren – und wenn es nur darum geht zu erkennen, wie wir es nicht machen wollen. Aber selbstverständlich ist es natürlich viel spannender und schöner, sich mit dem Positiven zu befassen. Abgesehen von dem Aspekt der Selbstversorgung bedeuten biologischer Anbau und biologische Lebensmittel auch verbesserte, geschmackvollere und gesündere Ernährung, mehr Bewegung, eine sauberere Umwelt, bessere Bodenbedingungen, eine vielfältigere Tier- und Pflanzenwelt – also einen rundum gesünderen Lebensstil.

● Lebensstil

Die Selbstversorgung nimmt mit der Zeit Einfluss auf alle Lebensbereiche – wo Sie wohnen, wie Sie leben, die Art der Arbeit, Transportmittel, Essen und alle sonstigen Aktivitäten. Daher ist es eher schwierig, sich nur so nebenbei mit dem Thema Selbstversorgung zu befassen. Es wäre z.B. seltsam, wenn Sie sich einerseits mit netzunabhängiger Energieversorgung beschäftigen, andererseits aber eine Benzinschleuder fahren würden – das passt einfach nicht zusammen. Das Gleiche gilt für Ernährung, Hobbys, Kleidung – wirklich alle Lebensbereiche. Wenn Sie erst einmal mit der Selbstversorgung begonnen haben, ist es sehr schwer, dem Thema nicht ganz und gar zu verfallen. Das bringt aber auch Probleme mit sich und es bedeutet vor allem harte Arbeit. Aber die positiven Seiten überwiegen bei weitem die negativen Aspekte: Sie essen bessere Lebensmittel, Sie wissen genau, was in Ihrer Nahrung enthalten ist, Sie haben einen gesünderen Appetit, der allgemeine Stress wird weniger, Sie bewegen sich mehr und sind daher fitter. Vielleicht können Sie sogar ganz ohne Auto auskommen. Es eröffnet sich viele interessante Möglichkeiten der Nahrungsmittelproduktion – Hühner, Schweine, Bienen und ein Biogarten. Das ist alles körperlich sehr anstrengend und Sie werden bestimmt ganz von selbst abnehmen; garantiert werden Sie sich nie wieder über Langeweile, Stress oder Schlafprobleme beschweren.

Auf jeden Fall werden Sie durch die körperliche Arbeit fitter und Sie werden garantiert nicht unter Schlafproblemen leiden.

● Womit fange ich an?

Es gibt viele Wege in die Selbstversorgung. Sie können zunächst alles beim Alten lassen und nach und nach viele kleine Veränderungen in Ihrem Leben vornehmen. Oder Sie machen einen Riesenschritt und verändern Ihr ganzes Leben, geben den Job auf und ziehen um. Sie können in der Stadt bleiben, aufs Land ziehen oder ins Ausland gehen. Es werden sich individuelle Möglichkeiten finden, die Ihren Bedürfnissen entsprechen. Viele Wege führen zum gleichen Ziel.

● Kleine Veränderungen

Sie können in Ihrem Garten Obst und Gemüse anbauen, Ihre Ernährungs- und Einkaufsgewohnheiten ändern, das Haus anders beheizen, weniger Strom, Gas, Öl und Festbrennstoffe verbrauchen, ein umweltfreundlicheres Auto kaufen, zu Fuß zur Arbeit gehen, nur die halbe Woche arbeiten usw. Sie können sich einen Schrebergarten anschaffen, ein Stück Land pachten, Hühner halten und die Eier verkaufen oder Bienen züchten.

Eine gute Solaranlage kann die Warmwasserkosten erheblich senken.

Große Veränderungen

Wir alle haben natürlich unterschiedliche Voraussetzungen – Alter, Familienstand und finanzielle Situation – aber ich glaube, dass der beste und vielleicht auch der einfachste Weg in die Selbstversorgung ein Umzug aufs Land ist. Natürlich bedarf ein solch großer Schritt einer ausreichenden Planung und Sie müssen sich auch Sicherheiten schaffen, aber er stellt ein großartiges Ziel dar. Natürlich können Sie sofort mit den zuvor beschriebenen kleineren Schritten anfangen, bis Sie bereit sind für die große Veränderung.

Zusammentragen von Informationen

Wie bei allen großen Plänen und Veränderungen ist es unerlässlich, dass Sie sich gut vorbereiten und so viele Informationen wie möglich sammeln. Sie sollten mit Ihrer Familie und mit Freunden reden, mögliche zu erwerbende Häuser, Felder und Grundstücke ansehen, Ihre Finanzen überprüfen und mit Leuten sprechen, die den Schritt in die Selbstversorgung bereits gemacht haben. Sie müssen alle Aspekte der verschiedenen Wege in Betracht ziehen und über die Konsequenzen nachdenken. Wenn Sie aufs Land ziehen wollen, sollten Sie erst einmal einige Zeit dort verbringen. Wenn Sie Nutztiere halten wollen, sollten Sie auf einem Bauernhof jobben. Die Verwirklichung Ihrer Träume mit allen sich daraus ergebenden Vorhaben muss auf zuverlässigen Informationen basieren.

Fragen, die Sie sich stellen sollten

- Wenn Sie Land kaufen wollen – wie groß muss es sein?
- Können Sie Ihren Traum auch in der Groß- oder Kleinstadt realisieren oder müssen Sie aufs Land ziehen, wo Grundstücks- und Immobilienpreise oft niedriger sind?
- Können und wollen Sie ins Ausland gehen?
- Wenn Sie planen ins Ausland zu gehen: Beherrschen Sie die Landessprache?
- Wenn Sie Kinder haben, welche Konsequenzen haben Ihre Pläne für sie? Befinden sie sich gerade in einer entscheidenden Ausbildungsphase?
- Wollen Sie unabhängig sein, nicht am Strom-, Wasser- und Gasversorgungsnetz hängen?
- Haben Sie handwerkliche Fähigkeiten wie Schreinern, Elektroarbeiten, Installation? Können Sie kochen und Land bewirtschaften? Kennen Sie sich mit der Haltung von Nutztieren aus?
- Können Sie Ihren Traum verwirklichen, indem Sie an Ihrem Wohnort bleiben und einen Acker bzw. Schrebergarten pachten?
- Wollen bzw. benötigen Sie die Unterstützung einer gleichgesinnten Gruppe, z.B. einer organisierten Gemeinschaft?
- Müssen bzw. wollen Sie Ihren Berufsweg völlig verändern? Oder können Sie so arbeiten, dass der Job die Selbstversorgung unterstützt?
- Haben Sie ausreichend Kapital?
- Können Sie sich mit Ihren Eltern, Schwiegereltern, Freunden oder Familie zusammenschließen? Wenn ja, haben Sie jemals zusammen gewohnt und/oder gearbeitet?
- Wenn Sie sich mit Eltern oder Freunden zusammenschließen, wie wirkt sich das auf den Rest der Familie aus?
- Wenn Sie sich mit Freunden, Partner oder Familie zusammenschließen, was passiert, wenn jemand aussteigen will?
- Können Sie mit Freunden und/oder Nachbarn eine Kooperative bilden und zusammen Ackerland kaufen?
- Können Sie mit Ihrer Familie ein großes Landhaus mit Grundstück kaufen?
- Wollen Sie die komplette Selbstversorgung – umziehen, Obst und Gemüse anbauen, Nutztiere halten – oder genügt es Ihnen, dort zu bleiben, wo Sie jetzt sind, aber z.B. eine Bienenzucht zu gründen, um den Honig zu verkaufen, während Sie andere Lebensmittel und Leistungen zukaufen?

Die Einzelheiten

Wenn Sie sich erst einmal entschieden haben, ob Sie in der Stadt oder auf dem Land wohnen wollen, müssen Sie sich mit den jeweiligen Details beschäftigen. Mit den folgenden Informationen werden Sie in die richtige Richtung gewiesen.

In der Stadt

- Erkundigen Sie sich, ob es in Ihrer Umgebung Kleingärten gibt, die günstig anzumieten sind.
- Manche Kleingartenvereine erlauben auch das Halten von Hühnern, Kaninchen, Ziegen und anderen Kleintieren. Überprüfen Sie das aber bei den zuständigen Behörden vor Ort.
- In einem großen Garten kann man auch Gemüse anbauen. Sie können sich z. B. ein paar Gewächshäuser anschaffen.
- Sie können Land pachten – von Nachbarn, Privatleuten oder der Stadt.
- Das Halten von Nutztieren kann in der Stadt ein Problem sein. Nachbarn könnten sich über Schmutz und Gestank beklagen.
- Selbstversorgung in der Stadt muss extrem gut geplant werden, da Platz immer knapp ist.

- Es gibt immer örtlich bedingte Einschränkungen, z. B. was die Anzahl der Hühner betrifft, wie viel Lärm erlaubt ist usw.
- Sie dürfen vielleicht keine Windkraftanlage installieren, aber Sie können dafür Ihr Haus gut wärmedämmen und Solarkollektoren anbringen.
- Sie können sich durch das reiche Angebot in der Stadt allerlei Anregungen holen, z. B. durch Vorträge, Museumsbesuche, Ausstellungen, Theater und Vorlesungen.
- Sie können sich die öffentlichen Verkehrsmittel zunutze machen.
- Sie können relativ einfach eine Teilzeitarbeit annehmen und damit Ihren umweltfreundlichen Lebensstil finanzieren.
- Sie können Ihre landwirtschaftlichen Erzeugnisse wie Ziegenmilch, Käse und frisches Gemüse am Gartentor verkaufen.
- Finden Sie heraus, ob es in Ihrer Gegend innerstädtische Gemeinde-Kleinbauernhöfe gibt. Bei so einer Organisation können Sie auch Mitglied werden und mitmachen.
- Ihre Kinder kommen ganz leicht in die Schule.

Viele Landbesitzer versorgen sich mit biologisch angebautem Obst und Gemüse komplett selbst.

Für viele Menschen bedeutet die Unabhängigkeit vom Versorgungsnetz und eine eigene Windturbine die Erfüllung ihrer Träume.

Auf dem Land

- Das Gefühl von viel Platz kann spirituell sehr erhebend sein. Außerdem werden Sie sich des Wechsels der Jahreszeiten sehr bewusst.
- Auf dem Land bedeutet Selbstversorgung auch immer, dass Sie mehr Platz zur Verfügung haben, und mehr Platz bedeutet mehr Möglichkeiten.
- Wenn Sie einen großen Garten haben – etwa 0,2 Hektar – können Sie Nutztiere halten. Das können Hühner sein, aber auch eine Milchkuh.
- Auf dem Land haben Sie leichteren Zugang zu Werkzeugen und Materialien – all die Dinge, die Sie brauchen um Ihrem Traum von der Selbstversorgung ein Stückchen näher zu kommen.
- Die Lärmbelästigung ist gering, das ist sehr wichtig. Sie können Ihren eigenen Gedanken lauschen, den Vögeln zuhören, Ihre Haus- und Nutztiere und den Wind in den Bäumen hören.
- Die Lichtverschmutzung (Aufhellung des Nachthimmels durch künstliche Lichtquellen) ist gering. Sie können in der Nacht die Sterne sehen – das ist einfach perfekt, wenn Sie gerne mit der Natur kommunizieren.
- Die Preise für Grund, also für nutzbares Ackerland, sind nicht hoch. Sie können ganze Felder, Bauernhöfe oder Wälder pachten.
- Freizeitgestaltung auf dem Land macht Spaß und ist relativ preisgünstig. Und was noch wichtiger ist: Die Freizeitangebote haben oft einen Bezug zu einem umweltfreundlichen Lebensstil. Landwirtschaftsausstellungen zeigen alte Traktoren, selbst gemachte Gegenstände und Bioerzeugnisse und Sie können dort auch Ihre eigenen Produkte verkaufen.
- Sie können reiten lernen, die Natur beobachten, ausgefallene Gartenstrukturen anlegen, singend durch den Garten laufen, einfach das tun, was Ihnen gerade Spaß macht. Der viele Platz erlaubt es Ihnen, zu experimentieren und ein paar netzunabhängige Konstruktionen wie z. B. Wind- oder Wasserturbinen zu bauen. Sie können größere Maschinen bauen, für die Sie in der Stadt keinen Platz hätten.
- Das Land ist dünner besiedelt. Sie haben mehr Platz für sich, was manchen Menschen besonders wichtig ist.

Ein Platz in der Stadt

- **Ist Selbstversorgung in der Stadt möglich?**

Berichten zufolge gibt es drei Gruppen von umweltbewussten Menschen: diejenigen, die in der Stadt wohnen und sich nach einem Leben auf dem Land sehnen; diejenigen, die auf dem Land leben und sich noch größere Einsamkeit wünschen; und diejengen, die gerne in der Stadt wohnen und auch dort bleiben möchten. Es gibt nur wenig Landbewohner, die sich nach einem Leben in der Stadt sehnen. Die Stadtbewohner, die auch dort bleiben wollen, haben den Vorteil, dass ihnen die Umweltbedingungen, die Möglichkeiten und Einschränkungen in der Stadt bereits bekannt sind.

Eine mit Bedacht ausgewählte, gut montierte Windkraftanlage eignet sich gut für ein Haus in der Stadt.

Wer einen Kleingarten hat, kann sich mit vielen Obst- und Gemüsesorten selbst versorgen.

Frische Kräuter kann man in Töpfen auf der Terrasse, vor dem Haus oder drinnen auf der Fensterbank ziehen.

Häufig gestellte Fragen

- **Kann man in der Stadt Selbstversorger sein?** Ja, aber es unterscheidet sich sehr vom Leben auf dem Land. Wie man sich denken kann, besteht die Selbstversorgung in der Stadt eher aus energiebewusstem und umweltfreundlichem Wohnen, dem Anbau von Obst und Gemüse und der Haltung von ein paar Hühnern. Auf dem Land kann man große dynamische Konstruktionen wie Windturbinen bauen und man kann sich viele Nutztiere halten.
- **Ist der Schrebergarten eine brauchbare Möglichkeit?** Ja, Schrebergärten können eine sehr gute Alternative sein. Viele Kleingartenvereine erlauben, dass man Kleinvieh wie Hühner, Kaninchen und Ziegen hält.

- **Kann ich meinen ganzen Garten in einen Obstgarten und ein Gemüsefeld umwandeln?** Ja, solange Sie sich an die örtlichen Gesetze und Gepflogenheiten halten. Sie dürfen unter Umständen mehrere Gewächshäuser haben, aber ein Plastiktunnel ist vielleicht nicht erlaubt.
- **Kann ich in meinem Garten Nutztiere halten?** Das hängt sehr von der Größe und Lage des Gartens ab. Normalerweise ist gegen Kleinvieh wie Hühner und Kaninchen nichts einzuwenden. Erkundigen Sie sich.
- **Gibt es gesetzliche Einschränkungen bei der Viehhaltung?** Die meisten Einschränkungen beziehen sich auf Lärm, Schmutz und Gestank. In einem Stadtgarten darf man vielleicht Hühner halten, aber die Schweinezucht ist verboten.

- **Benötige ich die Erlaubnis der Nachbarn?** Im Allgemeinen kümmert es die Nachbarn wenig, was Sie machen, solange Sie ihnen nicht zu nahe kommen. Die meisten Leute haben sicher nichts gegen ein paar Hühner, Kaninchen oder Ziegen einzuwenden, aber es gibt z. B. viele Menschen, die große Angst vor Bienen haben.
- **Brauche ich eine Erlaubnis für den Bau einer Windturbine?** Das hängt von der Größe des Gartens und der Art der Turbine ab. Im Allgemeinen heißt die Antwort Ja. Sie brauchen bestimmt in den meisten Verwaltungsbezirken eine Genehmigung von den örtlichen Behörden.

Windturbinen werden aber immer kleiner und kompakter und die Gesetze ändern sich sehr schnell. Erkundigen Sie sich also vorher genau.
- **Brauche ich eine Genehmigung für einen Solarkollektor?** Das kann ganz unterschiedlich geregelt sein, aber meistens benötigen Sie wohl eine Genehmigung von den zuständigen Behörden. Auch hier gilt: Die Gesetze ändern sich schnell, außerdem unterstützen manche Regierungen umweltschonende Vorhaben. Informieren Sie sich also zeitnah.

Sie können einen Großteil Ihres Gartens – fast alle Zierbeete – in Gemüsebeete umwandeln.

Ein Platz auf dem Land

● Was ist anders auf dem Land?

Natürlich weiß ein Landbewohner generell viel mehr über das Leben auf dem Land als jemand, der immer in der Stadt gewohnt hat. Aber ein inspirierter Städter, der sich seinen Traum erfüllen und aufs Land ziehen will, ist sicherlich ausreichend motiviert, um alles Wichtige zu lernen. Wenn man in der Stadt aufgewachsen ist, sind einem die komplexen und oft harten Realitäten des Landlebens nicht so bewusst. Das kann aber auch ein Vorteil sein, weil man die Probleme möglicherweise aus einem völlig anderen Blickwinkel angeht.

Mit einem relativ großen Plastiktunnel können Sie die Anbauperioden auf den Großteil des Jahres ausdehnen: Sie können schon ein bis zwei Monate vor der eigentlichen Saison mit dem Anbau beginnen. Auch die Erntezeit verlängert sich um ein bis zwei Monate.

Auf dem Land hat man normalerweise viel mehr Platz für die Haltung von Nutztieren.

Bienenzucht bietet sich als Möglichkeit für Selbstversorger an. Die Kosten sind relativ gering.
Sie können sich einer Imkergruppe vor Ort anschließen und den Honig verkaufen.

Schafe sind auch relativ günstig in der
Haltung. Es kann allerdings sein, dass sich
Ihre Kinder mit den Lämmern anfreunden.

Auf einem relativ großen Stück Land können Sie
eine große Windkraftanlage installieren, die den
Großteil Ihrer Stromversorgung deckt.

Häufig gestellte Fragen

- **Ist es auf dem Land einfacher, Selbstversorger zu werden?** Es ist leichter, weil es mehr Platz gibt; aber Fortbewegung und Transport sind unbequem. Ich denke, dass das Leben auf dem Land in vielerlei Hinsicht der einfachere Weg ist, um ein umweltbewusstes Leben zu führen.

- **Ist das Landleben einsam?** Es kann sogar ziemlich einsam sein, vor allem wenn Sie ganz anders sind als die Alteingesessenen. Das Leben in einer kleinen Gemeinschaft kann sehr einengend sein, da alle alles voneinander wissen. Wenn Sie ein sehr unabhängiger Mensch sind, fühlen Sie sich sicherlich wohl. Es sind natürlich weniger Menschen um Sie herum und Sie haben mehr Platz für sich selbst – für viele Menschen ist das von großer Bedeutung. Auf der anderen Seite sind die Leute auf dem Land oft sehr fürsorglich und hilfsbereit. Wenn Ihre Kinder im Schulalter sind, werden Sie sicherlich früher oder später in die Aktivitäten der Schule und des Dorfes eingebunden werden.

- **Sind Transport und Fortbewegung ein Problem?** Transportkosten können sehr hoch sein, besonders wenn Sie richtig weit draußen leben. Sie brauchen einen zuverlässigen Transporter und möglicherweise ein Auto mit Vierradantrieb (möglichst ein Modell mit niedrigem Benzinverbrauch).

- **Ist die Viehhaltung schwierig?** Vieh braucht tagaus, tagein Versorgung, auch am Wochenende und an Feiertagen. Wenn Sie Grippe oder sich den Fuß verstaucht haben, können die Tiere zum Problem werden. Manche Leute betrachten Nutztiere als Bürde, andere sehen sie als Möglichkeit zur Entspannung und Naturnähe.

- **Ist es auf dem Land so romantisch, wie man immer glaubt?** Ja, das Gefühl von Raum, die wechselnden Jahreszeiten, die Tiere, die Ruhe, der Gesang der Vögel, der rauschende Wind in den Bäumen – das Landleben kann spirituell sehr bereichernd sein. Auf der anderen Seite kann die Realität des Landlebens sehr hart, grausam und unnachgiebig sein.

- **Ist die Umweltverschmutzung auf dem Land geringer?** Es gibt weniger Abgase und Industriegestank. Lärmbelästigung und Lichtverschmutzung sind geringer, aber viele Bauern verwenden immer regelrecht übel stinkende Chemikalien. Die Straßen in der Nähe sind oft laut und stark befahren.

- **Kann man Land kaufen?** Ja, landwirtschaftlich nutzbare Flächen – ein kleines Feld, ein Waldstück oder ein Grasland – gibt es häufig und kostengünstig. Sie können natürlich auch ein Stück Land pachten.

- **Sind die Wetterverhältnisse auf dem Land anders?** Das Wetter ist weder besser noch schlechter, aber auf dem Land ist man stärker abhängig vom Wetter. Schlechtes Wetter in der Stadt erschwert manchmal die Dinge – die Straßen sind nass, die Züge verspäten sich – auf dem Land kann schlechtes Wetter aber alles zum Erliegen bringen.

- **Gibt es genügend Freizeitangebote für die Kinder?** Wenn Ihre Kinder auf dem Feld zelten, Bäume hinaufklettern, reiten oder dem Jugendclub im Dorf beitreten wollen, dann haben Sie damit kein Problem. Hobbys und Sport auf dem Land können sehr viel Spaß machen und sind auch oft nicht so teuer. Auf der anderen Seite kommen die Kinder nicht so leicht ins Kino oder ins Museum. Das muss man sich vorher schon gut überlegen.

Sie müssen sich der grausamen Realität der Nutztierhaltung zur Fleischgewinnung bewusst sein.

Einstieg in die Selbst-versorgung

Die Selbstversorgung im Stadthaus

● **Was muss man zuerst beachten?**

Das Ziel der Selbstversorgung in einem Stadthaushalt ist, von der öffentlichen Energieversorgung und der Abfallentsorgung weitgehend unabhängig zu sein. Das Haus muss also eine ausgezeichnete Wärmedämmung haben und sollte zur Energiegewinnung Solarkollektoren installiert haben. Man kann sich Folgendes anschaffen: eine Trombe-Wand (siehe S. 48–49), eine Geothermieanlage, um mit Erdwärme zu heizen oder zu kühlen, eine Windkraftanlage (WKA), um die Kraft des Windes in Strom umzuwandeln, ein Wasserrecycling-System, einen Gemüsegarten und einen Kompostierer für Küchen- und Gartenabfälle.

> **Warnhinweis**
>
> Sie müssen sich bei den zuständigen Behörden ierkundigen, bevor Sie die Struktur und/oder die Nutzung Ihres Zuhauses verändern. Sie sollten sich auch über die rechtliche Situation informieren, wenn Sie Veränderungen planen, die zu Belästigung der Nachbarn führen können wie Lärm, Gestank, Vibrationen oder Beleuchtung.

1 Windkraftanlage
2 Solarkollektor
3 Wärmedämmung
4 Kompostierer
5 Gemüsegarten
6 Regentonne
7 Geothermieanlage

● Eine umweltfreundliche Wohnanlage

1	Garagendach				
2	Maximale Wärmedämmung	5	Birnbaum am Spalier	8	Regentonne
3	Balkon	6	Sonnenkollektor	9	Bienen
4	Blumenkasten	7	Keller zum Lagern von Vorräten	10	Kompostierer

● **Weitere Möglichkeiten, die Sie in Betracht ziehen sollten**

- Können Sie sich mit ein paar Leuten zusammenschließen, gemeinsam ein kleines Stadthaus unterhalten und sich ein größeres Landhaus im Ausland teilen?

- Gibt es in Ihrer Gegend Zuschüsse von der Regierung oder anderen Behörden für Wärmedämmung, Nutzung von Wasserkraft, Solarkollektoren und Recycling?
- Können Sie sich mit Nachbarn zusammenschließen und ein Stück Land bestellen,

- Ist eine kleine Windkraftanlage möglich?
- Können Sie gegen Bezahlung oder Hilfe im Garten ein Zimmer vermieten?
- Können Sie ohne Auto leben bzw. sich ein Auto mit anderen Leuten teilen?
- Können Sie sich um die Gärten von älteren Nachbarn kümmern und sich dafür die Ernte teilen?

Checkliste Selbstversorgung
- Haben Sie die Wärmedämmung von Wänden, Dach und Böden optimiert?
- Haben Sie den Verbrauch an stromfressenden Elektrogeräten reduziert?
- Kompostieren bzw. verwerten Sie alle Küchen- und Gartenabfälle?
- Nutzen Sie jede freie Fläche, um etwas anzubauen – Beetränder, Rasen, Balkon, Dach, Garagendach, Blumenkästen, Keller, Kleingarten oder sogar Nachbars Garten?
- Haben Sie Platz für Nutztiere wie Hühner, Kaninchen, Bienen oder eine Ziege?
- Haben Sie einen Solarkollektor auf dem Dach oder im Garten installiert?
- Haben Sie auf dem Dach fotovoltaische Zellen angebracht?
- Sammeln Sie Regenwasser und/oder nutzen Sie Grauwasser (s. S. 43)?
- Haben Sie Ihre Nachbarn über Ihr Vorhaben informiert und sind diese damit einverstanden?
- Wenn Sie in einer Doppelhaushälfte wohnen, denken Sie daran, dass Sie Dach, Zäune, Garten und den Ausblick bis zu einem gewissen Grad mit den Nachbarn teilen. Sind die Nachbarn mit Ihren Plänen einverstanden?
- Es gibt Bauprojekte für neue Häuser, die sehr umweltfreundlich und fast netzunabhängig sind. Haben Sie darüber nachgedacht, so ein Haus zu kaufen?

einen kleinen Bauernhof in der Stadt aufbauen oder von der Stadt Land pachten? Gibt es die Möglichkeit, sich mit einer Schule zusammenzutun und eine Gartengruppe zu gründen?

Die Selbstversorgung im Haus auf dem Dorf

● **Was ist hier anders als beim Stadthaus?**

In Bezug auf die Selbstversorgung ist das Haus im Dorf dem Stadthaus sehr ähnlich. Auch hier wird angestrebt, bei der Energieversorgung und Abfallbeseitigung weitgehend unabhängig zu sein. Auf dem Dorf hat man im Allgemeinen mehr Platz und kann daher größere Anlagen bauen, einen größeren Garten bestellen und mehr Nutztiere halten. Sie haben auch mehr Spielraum zum Experimentieren, wenn Sie verschiedene Methoden zum Recyceln und Sammeln von Materialien ausprobieren wollen. Sie können auch verschiedene größere Strukturen errichten und testen.

Warnhinweis

Wenn Sie von der Stadt aufs Land ziehen wollen, sollten Sie auf jeden Fall körperlich fit genug sein, um die Projekte selbst in Angriff nehmen zu können.

● **Selbstversorgung in einem traditionellen Haus auf dem Dorf**

1. Stall und Gehege für Nutztiere

2. Holzschuppen (für den Holzofen)

3. Vorbau an Außentüren

4. Doppelverglasung mit dicken Vorhängen

5. Windkraftanlage

6 Innentrockengips-Verputz

7 Gemüsegarten und Gewächshaus

8 Trombe-Wand-Wintergarten

9 Regentonne

10 Kompostierer

- **Ein schöner, durchdacht angelegter Garten**

1	Sonnenblumen	**6**	Große Regenrinne
2	Wasserpumpe	**7**	Gesammeltes Regenwasser
3	Obstbaum	**8**	Bohnen
4	Wassertank (mit Brunnenkresse)	**9**	Essbare Blumen
5	Gemüsebeete	**10**	Pfad aus gebrauchten Ziegelsteinen

Checkliste Selbstversorgung

- Haben Sie an allen Fenstern und Außen- türen dicke Vorhänge und/oder Fenster- läden angebracht?
- Öffnen Sie die Vorhänge tagsüber und ziehen Sie sie nachts zu, um die Wärme zu erhalten? Tragen Sie bei Kälte meh- rere Schichten Kleidung?
- Haben Sie alle einfachverglasten Fenster durch Doppel- oder Dreifachscheiben ersetzt? Wenn nicht, haben Sie die Fensterscheiben wenigstens mit Plastik- folie abgeklebt?
- Haben Sie Außentüren verringert?
- Haben Sie das Dach und alle Hohlwände wärmegedämmt? Wenn Sie massive Wände haben, haben Sie an den Innen- bzw. Außenflächen zusätzlich Wärme- dämmung angebracht?
- Wenn Sie in der nördlichen Hemisphäre leben: Haben Sie die Anzahl und/oder Größe der Nordfenster reduziert? Und haben Sie zusätzliche und größere Süd- fenster eingebaut? Wenn Sie in der süd- lichen Hemisphäre leben, müssen Sie es genau umgekehrt machen.
- Haben Sie einen Holzofen eingebaut und Gas- sowie Elektroöfen abgeschafft?
- Haben Sie Lüftungsklappen und Luft- schächte installiert, damit sich die Wärme im Haus verteilt?
- Haben Sie Glasvorbauten oder Wintergär- ten an Außentüren angebaut? Haben Sie auf Boden- und Deckenhöhe Lüftungs- klappen montiert, damit die aufsteigende warme Luft von der Glaskonstruktion ins Haus ziehen kann?
- Haben Sie auf dem Dach Solarkollektoren installiert, um Wasser zum Heizen und Baden anzuwärmen?
- Haben Sie das Wassersystem so modi- fiziert, dass Sie Grauwasser (s. S. 39) sammeln und wieder verwenden kön- nen, z. B. für die Toilettenspülung?

- **Weitere Möglichkeiten, die Sie in Betracht ziehen sollten**

- Sie können die Aufteilung der Zimmer ändern und einen zentralen Holzofen einbauen. So kann die Familie gemütlich zusammen an einer Wärmequelle sitzen.
- Sie können an den windwärts gerichteten Seiten des Gartens Zäune anbringen und/ oder Hecken pflanzen.
- Sie können eine Windkraftanlage montieren.
- Sie können Land pachten.
- Sie können einen noch größeren Teil Ihres Gartens für den Anbau von Obst und Gemüse nutzen.
- Sie können sich Nutztiere anschaffen und sich bei einem Bauern in der Nachbarschaft erkundigen, ob er Ihnen das Grundwissen beibringt und das Wichtigste zeigt.
- Sie können ein Handwerk oder eine Fertig- keit erlernen wie z. B. Bienen- oder Schwe- nezucht, Spinnen, Traktorwartung – etwas, was Sie noch nie vorher gemacht haben.
- Sie können versuchen, ohne Fernseher, Radio, Waschmaschine, Kühlschrank und elektrisch angetriebenes Werkzeug auszu- kommen, und einfach mal sehen, wie Sie damit zurechtkommen – zumindest redu- zieren Sie damit Ihre Energiekosten enorm.

Brunnenkresse als Indikator

Wenn in Ihrem Wassertank selbstständig wilde Brunnenkresse wächst, dann ist dies ein Zeichen, dass das Wasser nicht verunrei- nigt ist. Das Gedeihen von Brunnenkresse in einem Gewässer gilt als offizieller Indikator für besonders gute Wasserqualität.

Der Kleinbauernhof für Selbstversorger

● Was ist ein Kleinbauernhof?

Ein Kleinbauernhof ist mindestens 1,2 Hektar groß, alle Aspekte der Selbstversorgung werden berücksichtigt und es werden so viele umwelt-freundliche Maßnahmen getroffen wie irgend-wie möglich. Ein Besitz in dieser Größenordnung erfordert ein hohes Maß an Investitionen aller Art: Geld, Enthusiasmus und Engagement. Man hat ausreichend Platz für einen großen Gemüse-garten, Nutztiere, Futtergetreide und alle mög-lichen netzunabhängigen Systeme.

Mit einem Architekten arbeiten

Sollten Sie sich für einen Architekten entschieden haben, denken Sie daran, dass es seine Aufgabe ist, Ihren Traum in die Realität umzusetzen – Ihren Traum, nicht seinen! Hüten Sie sich vor Architekten, denen Äußerlichkei-ten wichtiger sind als Funktionalität. Sie brauchen jemanden, der sich mit umweltfreundlichen, netzunabhängigen Systemen, Passiv-Heizungen, Wärme-dämmung, natürlichen Materialien und Trombe-Wänden (s. S. 48–49) auskennt.

● Das Haus auf einem Kleinbauernhof

① Regenwasser, das vom Flachdach gesammelt wird

② Sehr gute Wärmedämmung

③ Fotovoltaische Zellen

④ Ventilator, der für die Fußbodenheizung heiße Luft in das Kiesbett unter dem Haus bläst

⑤ Trombe-Wintergarten und Lüftungsklappen

6 Regenwasser-Rinne, die zu einem unterirdischen Tank führt

7 Geothermieanlage, die über ein im Boden eingelassenes Erdschleifensystem Erdwärme entzieht

Der Kleinbauernhof

1 Gemüsegarten	**8** Kühe und Schafe
2 Hühner	**9** Stroh- und Heuboden
3 Enten und Gänse	**10** Bienen
4 Schweine	**11** Obstgarten
5 Ziegen	**12** Winterfutter
6 Wäldchen mit Nussbäumen und Feuerholz	**13** Wiese und Winterfutter
7 Unterstand für landwirtschaftliche Maschinen	

• Wenn Sie z.B. eine Kuh, zwei Schweine
  und sechs Schafe halten wollen: Haben
  Sie ausreichend Tierfutter, um über den
  Winter zu kommen?
• Brauchen Sie einen Traktor und die dazu-
  gehörigen Gerätschaften wie Anhänger,
  Frontlader, Häcksler und Mäher?
• Haben Sie Arbeitskräfte zur Verfügung?
• Wollen Sie sich mit Nahrungsmitteln
  komplett selbst versorgen? Oder wollen
  Sie sich lieber auf einen Aspekt, z.B. Kühe,
  konzentrieren und die Milch dann ver-
  kaufen?
• Wollen Sie alles biologisch anbauen?
• Wenn Sie all Ihre Anstrengungen in die
  Selbstversorgung mit Nahrungsmitteln
  investieren – Gemüse, Eier, Milch, Obst
  und Fleisch: Woher kommt dann das
  Geld für Traktorbenzin, neue Reifen,
  Briefmarken und Steuern?

Weitere Möglichkeiten, die Sie in Betracht ziehen sollten

• Sie können Ihre Erfahrungen mit der Selbst-
  versorgung an andere weitergeben und damit
  Geld verdienen, dass Sie einen Tag der offe-
  nen Tür mit Infoveranstaltungen für Schulen
  und andere Interessenten anbieten.
• Sie können ein Teil Ihres Landes in ein Natur-
  schutzgebiet umwandeln.
• Sie können sich auf die Zucht von seltenen
  Schaf- oder Ziegenrassen spezialisieren.
• Sie können Land verpachten.
• Sie können ein Hobby zu Geld machen – wenn
  Sie sich z.B. für alte Traktoren interessieren,
  können Sie diese restaurieren und
  verkaufen.
• Sie können anstatt Traktoren Pferde für die
  Feldarbeit einsetzen.
• Sie können Zimmer vermieten und dadurch
  Geld dazuverdienen.
• Sie können Ihre Erzeugnisse weiterverarbeiten
  und dann verkaufen: Käse, Konfitüre, Kräuter
  und getrocknete Blumen.

Checkliste Selbstversorgung

• Wenn Sie einen Architekten beschäftigen:
  Versteht er oder sie etwas von den
  Anforderungen der Selbstversorger?
• Haben Sie vor, völlig netzunabhängig
  zu sein?
• Ein Bauernhof dieser Größe kann eine
  ganze Familie ernähren. Sind Sie in der
  Lage und körperlich fit genug, um diese
  Arbeit auf sich zu nehmen?
• Haben Sie ausreichend finanzielle Mittel
  und Fachwissen, um die nötige Infrastruk-
  tur aufzubauen – einschließlich Zäune,
  Schuppen und Scheunen?

Netzunabhängige Wasserversorgung

● **Warum ist das erstrebenswert?**

Der Begriff Netz bezieht sich hier auf das Versorgungsnetzwerk (Strom, Wasser, Gas). Netzunabhängiges Wasser heißt also: Wasser aus einem Brunnen, einem Bohrloch, einer Quelle oder gesammeltes Regenwasser. Wir leiden in der westlichen Welt zwar noch nicht an akutem Wassermangel, aber die Zukunft ist ungewiss, da der Verbrauch von netzabhängigem Wasser und die Kosten ständig steigen.

● **Gesammeltes Regenwasser**

Ein Regenwassersystem für einen Privathaushalt (siehe gegenüberliegende Seite) kann ganz einfach oder auch komplex sein: von ein paar

● **Brunnen und Bohrlöcher**

Brunnen

Ein neu gebauter, traditioneller Schachtbrunnen, der 9–15 m tief ist, ist sehr kostspielig. Wenn Sie so einen Brunnen bereits haben (noch besser: wenn er mit Ziegelsteinen ausgekleidet ist und nie austrocknet), sind Sie gut mit Wasser versorgt. Das Wasser aus traditionellen Brunnen ist sehr kühl und schmeckt in der Regel gut. Es kann aber auch sehr verschmutzt sein und während des Sommers kann die Wasserversorgung unzuverlässig sein. Sie sollten in jedem Fall das Brunnenwasser von Spezialisten testen lassen, bevor Sie es verwenden.

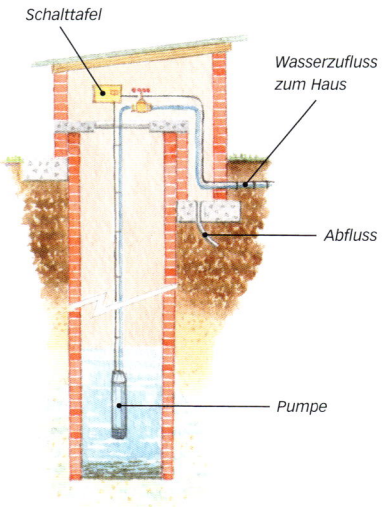

Schalttafel

Wasserzufluss zum Haus

Abfluss

Pumpe

Rohrbrunnen

Ein Rohrbrunnen hat einen Durchmesser von 15–20 cm und wird mindestens 50 m tief in die Erde gebohrt. Es handelt sich um einen Tiefbrunnen; das heißt, das Wasser kommt aus einem wasserundurchlässigen Bett unterhalb einer durchlässigen Schicht. Im Normalfall wird das Bohren von Fachfirmen ausgeführt, die strenge Regulierungen der Gesundheitsbehörden einhalten müssen. Erkundigen Sie sich bitte vorher, wie Sie vorgehen müssen. Das Bohrloch wird mit einer Stahl- oder Kunststoffröhre ausgekleidet, in dem eine Pumpe installiert wird. Berechnungen ergaben, dass sich die anfänglichen Kosten eines Bohrlochs in weniger als drei Jahren amortisiert haben.

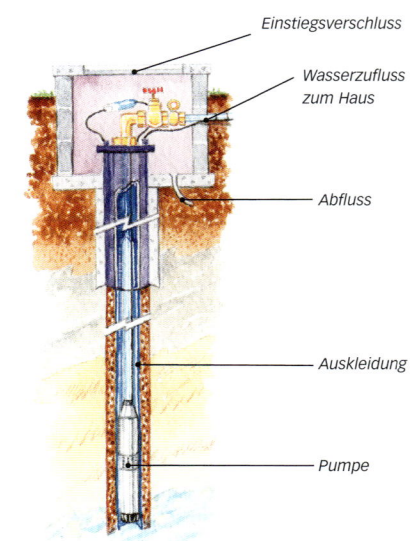

Einstiegsverschluss

Wasserzufluss zum Haus

Abfluss

Auskleidung

Pumpe

Wassertonnen bis hin zu einem riesigen unterirdischen Tank mit Filtern und Druckpumpen. Es hängt davon ab, wo Sie leben, wie hoch Ihr Wasserverbrauch ist und wie viel es regnet. Ein mittelgroßes Regenwassersystem kann sehr zuverlässig und kosteneffizient sein.

● **Quellwasser**

Dieses Wasser tritt selbsttätig zutage, wenn es sich zwischen zwei wasserundurchlässigen Schichten angesammelt hat. Der Grundwasserspiegel liegt hier höher als die Entnahmestelle.

● **Grauwasser**

Abwasser aus Bad, Dusche, Küche und Waschmaschine – also Wasser, das keine Fäkalien, Urin oder verrottende Nahrungsmittel enthält – wird Grauwasser genannt. Etwa 50 % des Abwassers ist Grauwasser. Es gibt Statistiken, die besagen, dass wir allein durch Grauwassergebrauch in der Toilettenspülung 50 % des gesamten Wasserverbrauchs sparen können. Es gibt auch hochtechnische Systeme, mit denen man das Grauwasser filtern und im Haushalt wiederverwenden kann. Die einfachste Möglichkeit ist aber, das Grauwasser zu sammeln und dann zum Wässern des Gartens und für andere Tätigkeiten wie Autowaschen, Fensterputzen, das Reinigen von Werkzeugen und anderen Gerätschaften zu verwenden. Sie können das Grauwasser auch noch vielfältiger einsetzen, wenn Sie auf Seife, Reinigungsmittel und andere Chemikalien weitgehend verzichten.

● **Überirdische Wassersammelanlage**

Einfaches System

Ein System zum Sammeln von Regenwasser kann recht einfach sein. Sie brauchen nur einen Unterwassertank mit Auffangrohren und Filtern an einem Ende und eine Pumpe am anderen Ende. Das gesammelte Regenwasser kann unterschiedlich verwendet werden: entweder ungefiltert für alles außer als Trinkwasser oder mit eingebauten Filtern auch zum Trinken. Das Regenwasser kann natürlich auch in der Toilettenspülung verwendet werden.

Wasserspeichertank

● Ausgefeiltes unterirdisches System neben dem Haus

So ein System zum Sammeln von Regenwasser ist eine recht umfangreiche Konstruktion, für die man mindestens einen großen unterirdischen Tank benötigt, ein paar mechanische und Ultraviolett-Filter und mindestens ein unter Druck stehendes Zuflussrohr. Das hört sich kompliziert an, ist aber in Wahrheit nur eine riesengroße Version des alten viktorianischen Küchenspülsystems: Damals wurde Regenwasser mithilfe einer Handpumpe nach oben in einen Behälter aus Stein gepumpt und floss von dort durch eine mit Silber imprägnierte Filterröhre in eine darunterliegende Kammer.

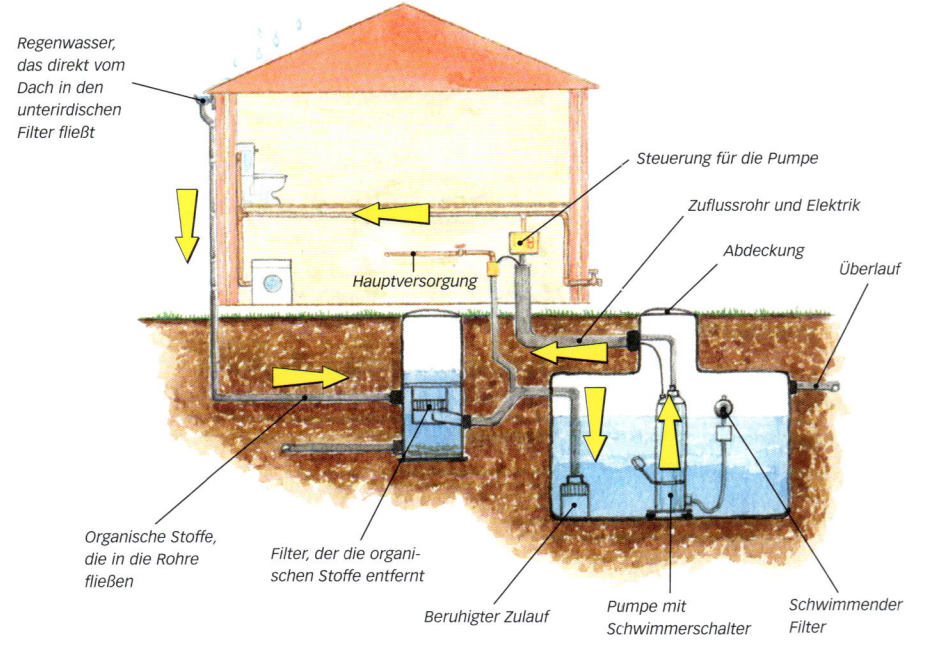

Regenwasser, das direkt vom Dach in den unterirdischen Filter fließt

Steuerung für die Pumpe

Zuflussrohr und Elektrik

Abdeckung

Überlauf

Hauptversorgung

Organische Stoffe, die in die Rohre fließen

Filter, der die organischen Stoffe entfernt

Beruhigter Zulauf

Pumpe mit Schwimmerschalter

Schwimmender Filter

Häufig gestellte Fragen

- **Kann ich meinen gesamten Wasserbedarf mit Regenwasser decken?** Wir – zwei Erwachsene und zwei Kinder – haben es zehn Jahre lang geschafft, nur mit Regenwasser auszukommen. Wir waren sehr umsichtig mit dem Wasserverbrauch, haben unsere Wäsche in den Waschsalon gebracht und manchmal das Brunnenwasser zum Baden verwendet. Das funktionierte gut. Trinkwasser und Wasser fürs Zähneputzen muss natürlich gefiltert oder abgekocht werden.

- **Können wir das Wasser aus einem alten Brunnen verwenden?** Das Problem mit einem alten Brunnen ist, dass es sich bei dem Wasser manchmal um Oberflächenwasser handelt, das von Tieren, gedüngtem

Acker, Industrieabwasser und sogar Kanalisation verunreinigt sein kann. Sie müssen das Wasser testen lassen.

- **Findet eine Bohrfirma immer Wasser?**
Eine seriöse Firma sieht sich alle zur Verfügung stehenden Pläne und Karten an und beauftragt auch einen Rutengänger – aber manche Bohrlöcher sind tatsächlich trocken. Sie sollten, bevor Sie einen Auftrag unterschreiben, alle denkbaren Ergebnisse und deren Konsequenzen mit der Firma besprechen.
- **Muss ich noch Wassergebühren zahlen, wenn ich netzunabhängig bin?**
Das hängt ganz davon ab, wo Sie leben. Oft müssen keine Steuern oder Gebühren bezahlt werden. In manchen Regionen muss man eine kleine Gebühr für die Abwasserentsorgung zahlen – hier wird argumentiert, dass auch Ihr Abwasser seinen Weg in den nächstgelegenen Fluss findet und dann ebenfalls gereinigt werden muss.

Recyceln von Wasser

- **Warum soll man Wasser recyceln?**

In unseren Breitengraden mussten die Menschen Anfang des 20. Jahrhunderts das Wasser mit Eimern am Brunnen holen. Es war harte körperliche Arbeit und die Menschen haben so wenig Wasser wie möglich verbraucht. Das waren etwa zwei Eimer pro Person am Tag und diese Menge hat für alles gereicht. Wir verwenden heute Wasser für die Toilettenspülung, Baden und Duschen, Waschmaschine und Spülmaschine, um den Garten zu gießen und Vieles mehr. Es ist also noch gar nicht so lange her, dass die Menschen mit zwei Eimern Wasser am Tag auskamen, während wir heute die ungeheuerliche Menge von 30 bis 60 Eimern am Tag verbrauchen.

- **Was ist Grauwasser?**

Damit ist das Abwasser aus Bad, Dusche, Spüle und Waschmaschine gemeint – das gesamte Abwasser, außer dem von der Toilette. Wie gut man das Grauwasser verwenden kann, hängt von dem Verbrauch an Seifen, Reinigungsmitteln und anderen Chemikalien ab.

- **Warum soll ich Grauwasser verwenden?**

50 % unseres Abwassers ist Grauwasser. Wenn wir davon ausgehen, dass es keinen Sinn macht, für die Toilettenspülung oder zum Gartengießen Trinkwasser zu verwenden, dann können wir, wenn wir nur 50 % des Grauwassers dafür verwenden, ein Viertel der Wasserkosten einsparen und gleichzeitig kostbares Trinkwasser sparen.

- **Für was kann ich Grauwasser verwenden?**

Auch wenn Grauwasser natürlich durch Seife und Reinigungsmittel verschmutzt ist, kann man es immer noch in der Toilettenspülung, zum Autowaschen und teilweise auch zum Gießen verwenden. Es gibt eine einfache und eine komplexere Methode, wie man Grauwasser für den Gartengebrauch verwenden kann (s. S. 46–47).

- **Wie kann ich das Grauwasser sammeln?**

Sie können einen Bausatz besorgen, den Sie über dem Toilettensystem anbringen. Dort wird das Wasser aus dem Waschbecken gesammelt und für die Toilettenspülung verwendet (s. S 48). Die einfachste Möglichkeit ist, ein Recycling-System (s. S. 46–47) zu montieren, das Grauwasser umleitet, sodass es für die Bewässerung des Gartens genommen werden kann.

● Einfaches Recyclingsystem

Eine gute, einfache und kostengünstige Methode zur Nutzung von Grauwasser aus Waschbecken, Spül- und Waschmaschine, Bad und Dusche besteht darin, das Wasser so umzuleiten, dass es durch eine sorgfältig angelegte Anordnung von unterirdischen Sickerrohren direkt an die verschiedenen Stellen im Garten fließt. Auf diese Weise kann das Wasser für unterirdische Bewässerung verwendet werden, ohne dass Sie oder die Pflanzen mit potenziell gefährlichen oder ansteckenden Organismen in direkten Kontakt kommen. Das Wasser darf nicht für Obst- und Salatpflanzen verwendet werden, und es darf keinen zu hohen Salzgehalt haben.

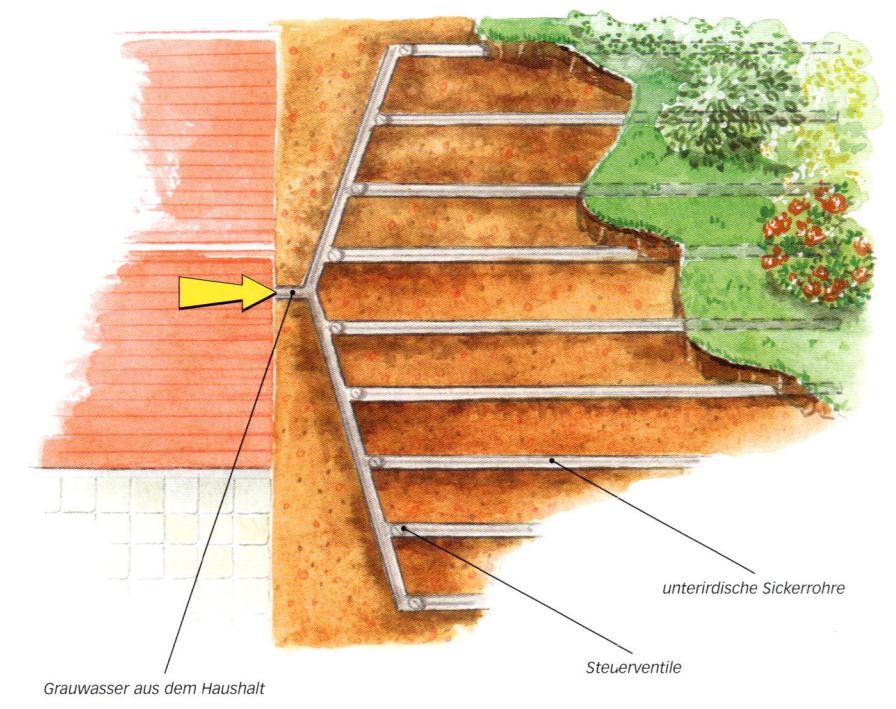

unterirdische Sickerrohre

Steuerventile

Grauwasser aus dem Haushalt

Lösungsmittel, Chemikalien und pharmazeutische Produkte

Wenn wir Lösungsmittel-, Chemikalien- und Arzneimittelreste die Toilette hinunterspülen, können die Bestandteile dieser Mittel bei Menschen, Tieren und Pflanzen langfristige Schäden verursachen. Am besten verwendet man diese Mittel erst gar nicht. Wenn das nicht geht, versiegeln Sie die Reste in Behältern und bringen Sie diese zu einem Wertstoffhof in der Nähe.

● Komplexeres Recyclingsystem

Sie können solch ein System auch selbst bauen. Hier fließt das Grauwasser durch verschiedene Sandfilter in einen Tank. Es kann dann für die Toilettenspülung, zum Kleidung- und Autowaschen und zur Bewässerung des Gartens verwendet werden. Dieses System reinigt alles außer Schwarzwasser – Abwasser, das Fäkalien enthält. Der Nachteil ist, dass das System viel Platz einnimmt und sehr teuer ist. Wenn Sie allerdings in einer trockenen Gegend leben und Wasser ein besonders wertvoller Rohstoff ist, sollten Sie das System auf jeden Fall in Betracht ziehen.

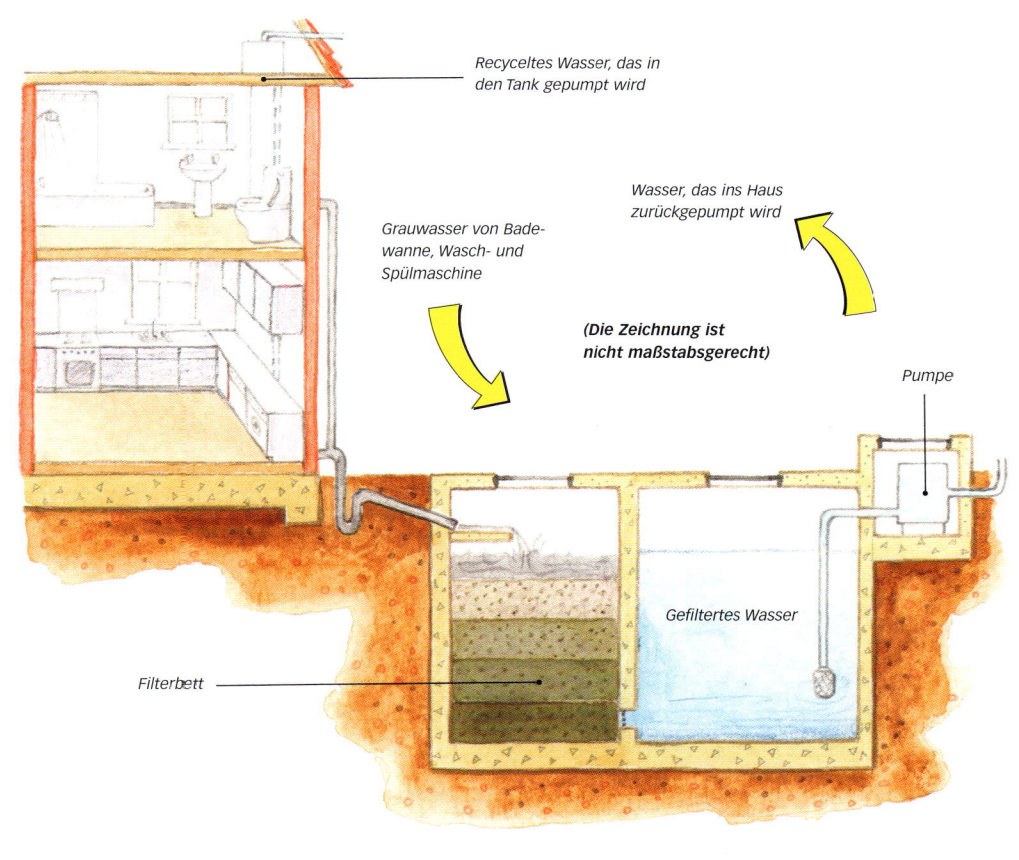

Recyceltes Wasser, das in den Tank gepumpt wird

Wasser, das ins Haus zurückgepumpt wird

Grauwasser von Badewanne, Wasch- und Spülmaschine

(Die Zeichnung ist nicht maßstabsgerecht)

Pumpe

Gefiltertes Wasser

Filterbett

Eine geniale Erfindung: Waschbecken über der Toilette

So funktioniert das Prinzip: Sie gehen auf die Toilette, spülen herunter and waschen sich anschließend die Hände. Das Wasser vom Händewaschen fließt in die Zisterne der Toilette. Der nächste, der die Toilettenspülung benutzt, verwendet dann das Wasser, mit dem Sie sich die Hände gewaschen haben. Er wäscht sich selbst die Hände und wieder fließt das Wasser in die Zisterne der Toilette usw.

Sie fragen sich vielleicht, was passiert, wenn die Person vor Ihnen sich nicht die Hände wäscht. Keine Sorge, es ist ein Mechanismus eingebaut, der den Wasserstand reguliert. Außerdem waschen sich die meisten Leute sowieso die Hände, weil sie von dem Mechanismus ja nichts wissen.

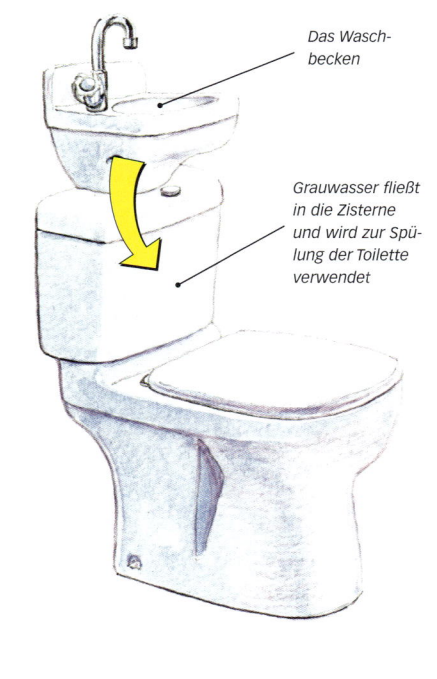

Das Waschbecken

Grauwasser fließt in die Zisterne und wird zur Spülung der Toilette verwendet

Wie man die Qualität des Grauwassers verbessern kann

Grauwasser, das durch ein unterirdisches Sickerrohrsystem fließt und Bäume und Gemüsegärten wässert, enthält natürlich Reinigungsmittel (besonders die in der Spülmaschine verwendeten), die einen hohen Salzgehalt haben. Die meisten Pflanzen vertragen salziges Wasser nicht. In diesem Zusammenhang können Sie selbst die Qualität des Grauwassers ganz einfach verbessern: Sie entscheiden, was an Chemikalien in den Abfluss kommt. Die Faustregel dafür lautet: ein Reinigungsmittel, das nicht mit der Haut in Berührung kommen darf, ist auch nicht für Pflanzen geeignet und sollte daher nicht in den Abfluss gelangen.

Warnhinweis

Häufig sind die Gesetze zum Sammeln und Gebrauch von Grauwasser sehr streng. Wenn Sie mehr machen wollen, als ein unterirdisches Sickerrohrsystem zu installieren, sollten Sie sich an die zuständige Behörde wenden.

Ofen und Herd

Kann ich netzunabhängig kochen?

Das kann problematisch sein, da man zum Kochen schnelle und starke Hitze braucht. Es gibt Herde, die Sie mit Gas aus der Flasche, Öl, Kohle oder Biokraftstoffen (normalerweise Holz) aus einer erneuerbaren Quelle betreiben können. Sie können natürlich auch am Versorgungsnetz bleiben und fossile Brennstoffe (Strom, Gas, Öl oder Kohle) verwenden, aber die Effizienz verbessern, indem Sie eine Windkraftanlage, Geothermie oder Solarenergie einsetzen, um das Kochwasser vorab zu erhitzen.

● Möglichkeiten für Kochherde

Holzofen

Ein moderner Holzofen eignet sich besonders
gut, wenn Sie in der Nähe eines Waldes leben
und Ihnen körperliche Arbeit wie Holzhacken
und Sägen Spaß macht. In vielen Teilen der
Welt ist Holz der beliebteste Brennstoff. Ein
Holzofen erfordert harte, anstrengende Arbeit,
er verursacht viel Dreck, man braucht Platz
zum Lagern des Holzes und man muss Geduld
haben. Aber moderne Holzöfen sind leistungs-
fähig, relativ kostengünstig und sehr attraktiv.
Wenn Sie am Tag etwa 20 bis 30 Holzscheite
verbrennen, müssen Sie nur einmal in der
Woche den Aschekasten ausleeren. Außerdem
können Sie – im Gegensatz zur Kohleasche –
mit der Holzasche den Garten düngen. Ein
Holzofen verbreitet auch sehr viel Gemütlich-
keit: Sie können einfach nur am Ofen sitzen
und das Feuer beobachten.

Der Holzofen kann das Zentrum eines ganzen Raums sein.

Biokraftstoffherd

Unter Biokraft- oder Biotreibstoff versteht man
alle Treibstoffe/Brennstoffe, die von noch kürzlich
lebendigen Organismen oder deren metaboli-
schen Nebenprodukten herrühren. Zu Biokraftstoffen gehören Holz, Mist, Getreide, Alkohol,
Erntenebenprodukte wie Stroh, Stiele und
Spreu sowie Nahrungsmittelabfälle. Alles, was
noch nicht lange abgestorben ist, kann in einen
flüssigen, festen oder gasförmigen Brennstoff
umgewandelt werden. Holzöfen sind schon recht
verbreitet, es gibt aber auch Herde, die durch das
Verbrennen von Biokraftstoffen wie Biodiesel,
Sägespänen und Heuballen betrieben werden.

Wenn Sie darüber nachdenken, Ihren jetzi-
gen Herd mit einem Biokraftstoff zu betreiben,
sollten Sie sich als Erstes an den Hersteller
wenden und erfragen, was dieser Ihnen rät.
Es gibt Fachleute, die darauf spezialisiert sind,
Herde so umzurüsten, dass sie gefahrlos Bio-
kraftstoffe verbrennen können. Sie können sich
auch an Zulieferer von Biokraftstoffen wenden
und sich dort beraten lassen.

Viele herkömmliche Herde können so umgebaut werden,
dass man sie mit Biokraftstoffen betreiben kann.

● Möglichkeiten für Abzugsrohre

Herd mit Rauchabzug an der Rückseite in einem offenen Kamin

Wenn Sie einen kleinen konventionellen Kamin haben mit einer tiefen Feuerstelle, die so niedrig gelegen ist, dass Sie sich hinknien müssen, um durch den Kamin nach oben zu schauen, eignet sich ein Herd, der das Abzugsrohr an der Rückseite hat. Das kurze Abzugsrohr führt direkt in den offenen Kamin nach oben.

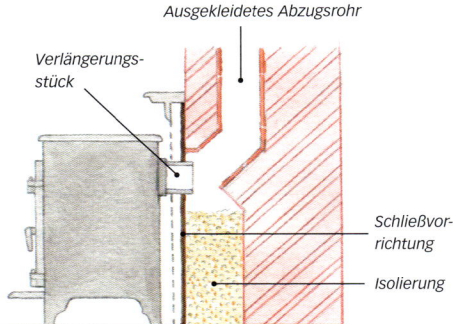

Ausgekleidetes Abzugsrohr

Verlängerungs-
stück

Schließvor-
richtung

Isolierung

Ofen mit Abzugsrohr nach oben in einem offenen Kamin

Wenn Sie einen großen offenen Kamin haben, eignet sich am besten ein Ofen, dessen Abzugsrohr nach oben gerichtet ist. Der Ofen steht im offenen Kamin und das kurze Abzugsrohr führt von der oberen Platte des Herdes nach oben und über einen Schließmechanismus aus Metall direkt in den Kamin.

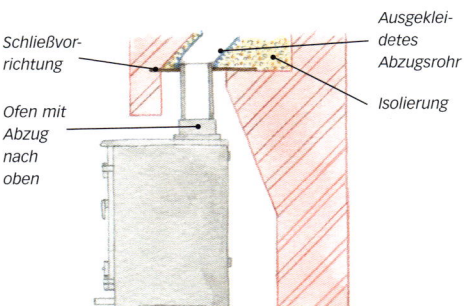

Schließvor-
richtung

Ofen mit
Abzug
nach
oben

Ausgeklei-
detes
Abzugsrohr

Isolierung

Innenraumabzug

Wenn Sie einen Holzofen betreiben möchten, aber keinen Kamin haben, können Sie sich ein Edelstahl-Abzugsrohr mit doppelter Isolierung aus einem Bausatz mit vielen Rohrstücken selbst montieren. Mit diesem System können Sie den Abzug durch die Zimmerdecke ziehen, ohne sich über Brandrisiken Sorgen machen zu müssen.

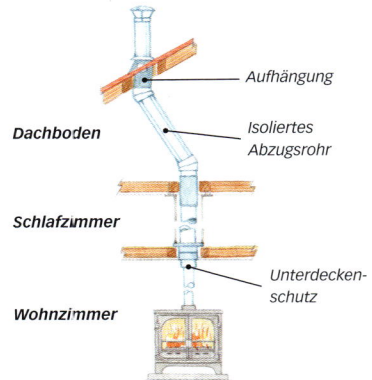

Aufhängung

Dachboden

Isoliertes
Abzugsrohr

Schlafzimmer

Wohnzimmer

Unterdecken-
schutz

Außenabzugsrohr

Das Außenabzugsrohr unterscheidet sich nur geringfügig von dem für den Innenraum. Die Bestandteile sind ähnlich, der Hauptunterschied besteht darin, dass es montiert werden kann, ohne dass man an den Innenräumen bauliche Veränderungen vornehmen muss.

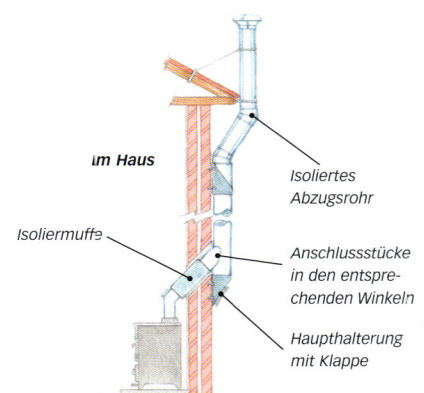

im Haus

Isolierte
Abzugsrohr

Isoliermuffe

Anschlussstücke
in den entspre-
chenden Winkeln

Haupthalterung
mit Klappe

Ausgekleideter, isolierter Kamin

Bei der Verbrennung von Holz entstehen Teer und
Unreinheiten, die sich im Laufe der Zeit an der
Innenseite des Rauchabzugs absetzen. Teer rinnt
als klebriger Reststoff die Kaminwände entlang.
So kann der Schmutz auch in den Ofen gelangen,
verbrennen und ein Kaminfeuer auslösen. Ein
Kamin mit einer isolierten Doppelwandverklei-
dung verhindert dieses Problem. Wenn Sie das
Feuer allerdings die ganze Nacht brennen lassen
– und die Fülltür mit Teer und Rauch verschmiert
ist – sollten Sie am nächsten Morgen alle Luftklappen öffnen, damit das wieder entfachte
Feuer den Teer wegbrennt. Wenn Sie diesen Ver-
brennungsprozess regelmäßig durchführen, bleibt
der Rauchabzug in einem guten Zustand.

● **Ausstoß bei der Holzverbrennung**

Ein moderner Holzofen, der mit sauberen Holz-
scheiten aus dem Wald befeuert wird, produziert
Ausstoß, der sich aus Wasserdampf, Kohlen-
dioxid, Partikeln und flüchtigen organischen Ver-
bindungen zusammensetzt. Diese Stoffe werden
zwar auch bei der Verbrennung von fossilen
Brennstoffen wie Gas und Öl ausgestoßen, aber
der Vorteil von Holz ist, dass die dazu benötig-
ten Bäume Sauerstoff produzieren und Kohlen-
dioxid absorbieren.

Solarkollektoren und Trombe-Wände

● **Wie kann ich die Sonnenwärme nutzen?**

Ein Sonnenkollektor, auch Solarkollektor genannt, sammelt die im Sonnenlicht enthaltene
Energie. Die häufigste Anwendung der aus Sonnenenergie gewonnenen Wärme ist die Warm-
wasserbereitung für den Haushalt. Bei einer
ideal montierten Anlage mit entsprechendem
Speichervolumen reicht in Mitteleuropa während des Sommerhalbjahres die gewonnene
Energie zum Waschen und Baden.

Für die maximale Nutzung müssen die Kollektoren
so montiert sein, dass sie mittags direkt in die
Sonne zeigen.

● **Wie Sonnenkollektoren funktionieren**

Die Menge an Sonnenenergie, die uns erreicht,
wird von zwei Faktoren bestimmt: vom Einfalls-
winkel, das heißt von dem Winkel, in dem die
Sonne auf das Ziel trifft, und von der Menge an
Wärmeabsorbierung. Mattes Schwarz absorbiert mehr Wärme von den Wellenlängen des
Lichtspektrums als Weiß. Solarheizsysteme
bestehen im Allgemeinen aus fünf Hauptelemen-
ten: ein Kollektor, ein Warmwasser-Sammelbe-
hälter, eine Steuerung und Sensoren, eine oder
mehrere Pumpen und Röhren. Die Sonne erhitzt
den Absorber im Kollektor und die Wärme wird
an einen den Absorber durchfließenden Wärme-
träger weitergegeben. Eine Pumpe pumpt die
heiße Flüssigkeit in einen Wärmeaustauscher
im Speicherbehälter. Das Wasser aus dem Spei-
cher wird entweder direkt als Warmwasser verwendet oder zum Heizen eines Raumes eingesetzt. Die Effizienz dieser Systeme hängt davon
ab, ob die Kollektoren im optimalen Winkel zur
Sonne montiert sind – und das hängt wiederum
von der Position und Bauweise des Gebäudes
ab – Sie sollten sich auf alle Fälle von einer Fachfirma vor Ort beraten lassen.

Manchmal können die Solarkollektoren direkt an einem Schrägdach angebracht werden.

Wenn nötig, müssen die Kollektoren mithilfe von Rahmen auf dem Dach befestigt werden, sodass sie sich im richtigen Winkel befinden.

Die Kollektoren dürfen auf gar keinen Fall von Bäumen oder Gebäuden überschattet werden.

● **Trombe-Wände**

Bei einem Trombe-Wand-System scheint die Sonne durch eine vertikale Glasscheibe und wärmt so eine geschwärzte Betonwand auf. Der Raum zwischen Scheibe und Wand heizt sich auf (Treibhauseffekt) und Lüftungsklappen auf Boden- und Deckenhöhe

Winter

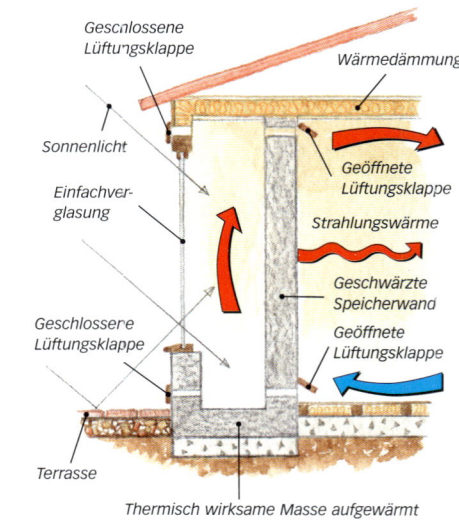

Geschlossene Lüftungsklappe

Wärmedämmung

Sonnenlicht

Geöffnete Lüftungsklappe

Einfachverglasung

Strahlungswärme

Geschlossene Lüftungsklappe

Geschwärzte Speicherwand

Geöffnete Lüftungsklappe

Terrasse

Thermisch wirksame Masse aufgewärmt

Häufig gestellte Fragen

• **Wie funktioniert das Trombe-Wand-System nachts?** Wenn die Tage heiß und die Nächte kalt sind, sind tagsüber die Luftklappen in der Glasscheibe geöffnet und die beiden Lüftungsklappen der Wand sind geschlossen. Die heiße Luft dazwischen steigt durch Konvektion auf und zieht durch die zwei Luftklappen oben an der Glasscheibe. Dabei wird kalte Luft durch die unteren Luftklappen eingezogen. Nachts sind die Lüftungsklappen der Glasscheibe geschlossen und die Lüftungsklappen in der Wand geöffnet. Die in der Wand gespeicherte Wärme steigt nach oben und zieht nach innen (Konvektion).

an der Glasscheibe und der Betonwand werden tagsüber und nachts so geöffnet und geschlossen, dass die aufsteigende Hitze je nach Bedarf ins Gebäude oder nach draußen geleitet werden kann. Mit diesem System kann man Räume heizen und kühlen.

Sommer

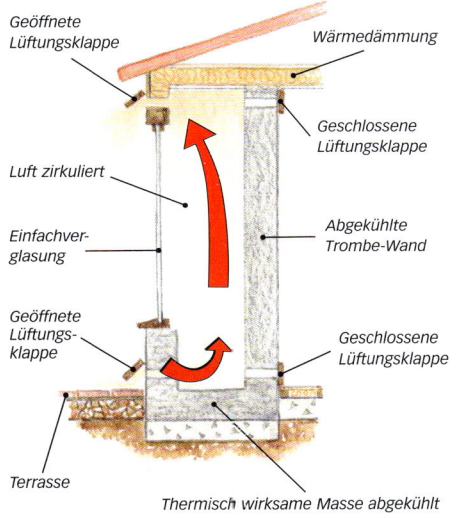

Geöffnete Lüftungsklappe

Wärmedämmung

Geschlossene Lüftungsklappe

Luft zirkuliert

Einfachverglasung

Abgekühlte Trombe-Wand

Geöffnete Lüftungsklappe

Geschlossene Lüftungsklappe

Terrasse

Thermisch wirksame Masse abgekühlt

● Vakuumröhrenkollektor

Der Kollektor besteht aus einer Reihe von durchsichtigen Glasröhren. Diese wiederum bestehen aus einer inneren und äußeren Röhre, einem Vakuum, einer wärmeabsorbierenden Oberfläche, einer verspiegelten wärmereflektierenden Oberfläche und einem Wärmerohr aus Kupfer. Die Sonnenwärme wird von einer Beschichtung an der inneren Glasoberfläche absorbiert, dann an die Spitze des Wärmerohrs, einen aus der Röhre herausragenden Wärmetauscher, transportiert und gelangt von dort in den Speichertank.

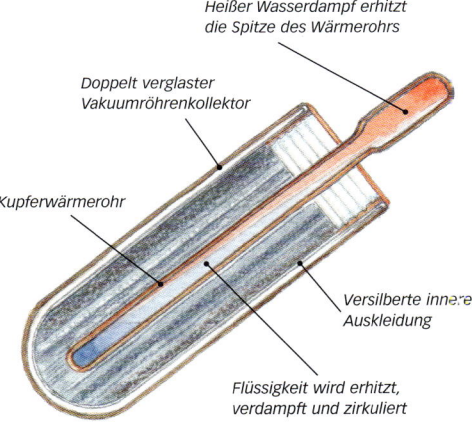

Heißer Wasserdampf erhitzt die Spitze des Wärmerohrs

Doppelt verglaster Vakuumröhrenkollektor

Kupferwärmerohr

Versilberte innere Auskleidung

Flüssigkeit wird erhitzt, verdampft und zirkuliert

• **Welche Solarheizung finden Sie am besten?** Ich finde das Trombe-Wand-System am besten, weil es kostengünstig und technisch nicht sehr komplex ist und nicht von vielen komplizierten beweglichen Teilen abhängt. Mir gefällt es besonders gut, dass bei diesem System die Sonnenwärme innerhalb der Gebäudestruktur gespeichert wird und ich das Gefühl habe, ich kann dem System bei der Arbeit zuschauen und es spüren.

Fotovoltaische Zellen

● **Wofür werden diese Zellen verwendet?**

Fotovoltaik ist die direkte Umwandlung von Sonnenlicht in Gleichstrom. Sie kann im Privathaushalt für Beleuchtung und für den Betrieb von Geräten mit Niedrigspannung wie Radio, Fernseher, Computer und kleine Wasserpumpen verwendet werden. Ein kleines fotovoltaisches System kann höchstens ein paar hundert Watt Elektrizität produzieren. Wenn man das System mit einem Akkumulator verbindet und es effizient nutzt, kann es ein kleines Landhaus mit Strom versorgen.

● **Wie arbeiten fotovoltaische Zellen?**

Eine typische Zellstruktur – die in Schichten aufgebaut ist – hat einen Rückseitenkontakt, zwei Siliziumschichten, eine Antireflexionsschicht, einen Frontkontakt und eine Oberfläche. Wenn die Sonnenstrahlen in Form von Photonen die Struktur anstrahlen, produziert der daraus entstehende stetige Fluss von Elektronen eine winzige Menge an Elektrizität in Form von Gleichstrom. Die Menge, die von jeder einzelnen Zelle produziert wird, ist winzig. Wenn man aber eine ganze Reihe an Zellen hat – in Form von Dachziegeln z.B. – und einen Inverter verwendet, der den Gleichstrom in Wechselstrom umwandelt, haben Sie eine recht einfache und günstige Stromquelle.

Wie auch bei Solarkollektoren sind Einfallwinkel und Sauberkeit der Oberfläche Faktoren, welche die Effizienz der Zellen beeinflussen.

Die Größe ist entscheidend – je mehr fotovoltaische Zellen Sie haben, desto mehr Strom wird erzeugt.

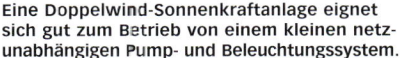

Eine Doppelwind-Sonnenkraftanlage eignet sich gut zum Betrieb von einem kleinen netzunabhängigen Pump- und Beleuchtungssystem.

● Eine unabhängige Fotovoltaikanlage

Diese Anlage ist so gebaut, dass sie einfach auf ein bereits existierendes Dach montiert werden kann. Die Anlage wird in eine netzanhängige Verbindung gesteckt und ist funktionsbereit. Es ist schwer zu sagen, wie effizient so eine Anlage je nach Standort ist, aber Statistiken zeigen durchaus, dass man langfristig die Stromkosten erheblich senken kann.

Fotovoltaische Zellen

Energiezufuhr von den Zellen

Netzstrom

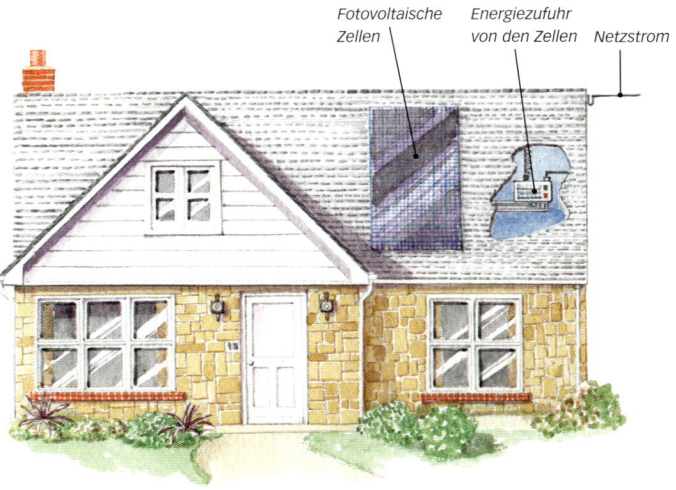

● Solarkollektoren und fotovoltaische Zellen

Deutschland ist in Europa führend bei dem Einsatz von Fotovoltaik. Durch gestiegenes Umweltbewusstsein hat auch die Politik finanzielle Anreize geschaffen, um diese Form der Energiegewinnung immer mehr zu verbreiten. n Großbritannien wird die Fotovoltaik in erster Linie auf Booten und in Wohnwägen eingesetzt. Manchmal werden fotovoltaische Zellen auch verwendet, um Systeme von Solarkollektoren zu betreiben.

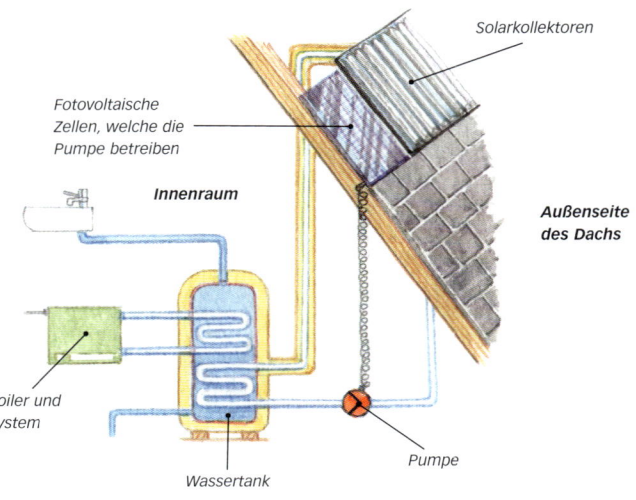

Solarkollektoren

Fotovoltaische Zellen, welche die Pumpe betreiben

Innenraum

Außenseite des Dachs

Boiler und System

Wassertank

Pumpe

Häufig gestellte Fragen

- **Warum erfreut sich die Fotovoltaik nicht überall großer Beliebtheit?** Es gibt viele Menschen, die einer Technik, bei der man nicht genau sehen kann, was passiert, einfach nicht über den Weg trauen. Vielleicht fehlen in manchen Ländern auch finanzielle Anreize, damit sich die Leute mit dieser Technologie ernsthaft auseinandersetzen.
- **Wie lange halten fotovoltaische Zellen?** Die Hersteller behaupten, dass die Zellen unter idealen Bedingungen bis zu 30 Jahre halten können. Individuelle Zellen einer ganzen Anlage können natürlich jederzeit ersetzt werden, wenn sie beschädigt sind oder nicht mehr funktionieren.

- **Kann man eine Fotovoltaikanlage mit einem Gewächshaus-Kiesspeicher kombinieren?** Wenn Sie bereits ein Treibhaus haben, wissen Sie, dass dieses im Herbst und Frühling angenehm warm wird, aber im Sommer unerträglich heiß ist. Eine Fotovoltaikanlage, die mit so einem Kiesspeichersystem verbunden ist, kann die heiße Luft nutzen, indem sie diese aus dem Gewächshaus in einen wärmegedämmten Raum voller Kies pumpt. Wenn man abends Wärme benötigt, wird die warme Luft aus dem Kiesspeicher mithilfe eines Ventilators ins Haus geleitet.

● Tragbare fotovoltaische Generatoren

Mit diesen Geräten kann man sehr gut kleine Strommengen erzeugen. Sie eignen sich für Boote, Wohnwägen, Schrebergärten oder Wochenendhäuschen. Diese Anlagen sind recht beliebt, da man sie nur aufstellen und die entsprechenden Geräte einstecken muss.

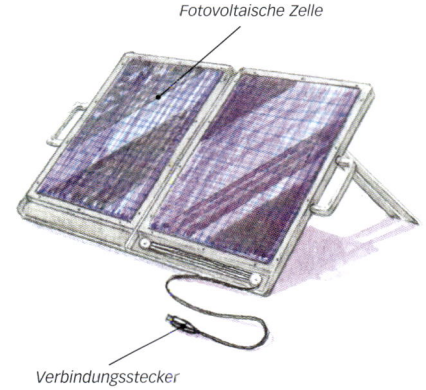

Fotovoltaische Zelle

Verbindungsstecker

Windkraftanlage (WKA)

● Wie viel Energie können WKAs produzieren?

Windkraftanlagen gibt es in vielen Größen, und von der Größe hängt die Energiemenge ab, die sie produzieren. Eine kleine 1000-Watt-Anlage, die mit einem einfachen Inverter verbunden ist, erzeugt genügend Strom für Beleuchtung, Fernseher, Radio und Computer. Wenn Sie sich nur eine solche Anlage leisten können, müssen Sie natürlich die eingeschränkte Strommenge bedenken und entweder Ihren Stromverbrauch entsprechend einschränken oder den Strom aus anderen Quellen gewinnen. Sie können z. B. eine kleine Windkraftanlage und einen Holzverbrennungsherd betreiben.

Die Anlage sollte an einen ausreichend hohen Mast montiert werden, sodass sie nicht mit Bäumen oder Strommasten kollidiert.

● Wie funktioniert eine Windkraftanlage?

Bei einer herkömmlichen Windmühle bläst der Wind, die Flügel der Mühle drehen sich und diese Drehung wird in Bewegungsenergie umgewandelt, um z. B. Getreide zu mahlen oder Wasser zu pumpen. Die meisten modernen Windkraftanlagen haben Zweiblatt-, Dreiblatt- oder Fünfblatt-Rotoren, die sich an einer horizontalen Welle befinden – etwa wie bei einem Propellerflugzeug. Der Wind weht und der Rotor dreht sich. Damit dreht sich die Welle, ein Generator gerät in Bewegung und produziert Elektrizität. Der gewonnene Strom wird entweder in Akkumulatoren gespeichert und als netzunabhängiger Strom verwendet oder er wird direkt in das Netz eingespeist.

Eine kleine Windkraftanlage, die an einer Haus-
wand befestigt ist

Manche Fachleute stellen die Montage einer Windkraftanlage am Giebelende infrage. Sie befürchten,
dass das Dach Turbulenzen produziert.

● Windkraftanlage, die ins Netz einspeist

So ein System besteht aus einer Windkraftanlage, die auf einem Mast installiert ist,
einem Inverter, einer Reihe von Akkumulatoren, die als Backup-System fungieren, einer

Betriebsschalttafel und einer Akkuschalttafel.
Wenn Wind weht, drehen sich die Rotorblätter,
die horizontale Welle dreht sich und der Generator verwandelt die Drehbewegung in Elektrizität.
Bei diesem System wird der erzeugte Strom
entweder gleich im Haus verwendet und der
Überschuss wird ins Netz eingespeist, oder die
gesamte Elektrizität wird direkt ins Netz eingespeist. Mit beiden Systemen haben Sie ein
gewisses Maß an Unabhängigkeit.

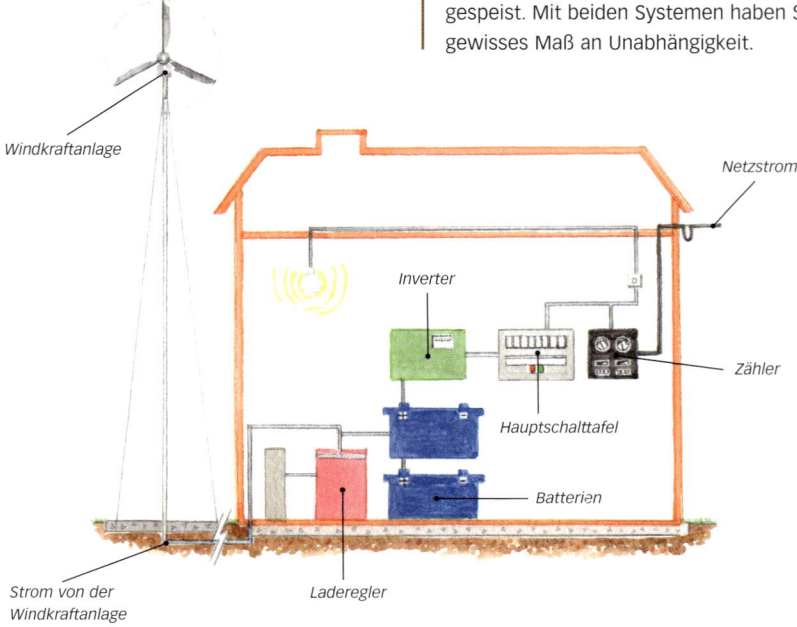

Windkraftanlage

Netzstrom

Inverter

Zähler

Hauptschalttafel

Batterien

Strom von der
Windkraftanlage

Laderegler

● Netzunabhängiges System

Ein netzunabhängiges System besteht aus einem Windgenerator oder Rotor, die auf einen Turm oder Mast montiert sind, einer Reihe von Gel- oder Kohlenfaserakkus und einem Inverter. Die Elektrizität wird genauso produziert wie bei dem netzabhängigen System, mit dem Unterschied, dass der gewonnene Strom in den Akkumulatoren gespeichert wird. Der Strom wird dann durch einen Inverter geschickt und kommt im Haus als Wechselstrom an. Dieses System eignet sich besonders für ein allein stehendes Haus und/oder wenn Sie völlig netzunabhängig sein wollen.

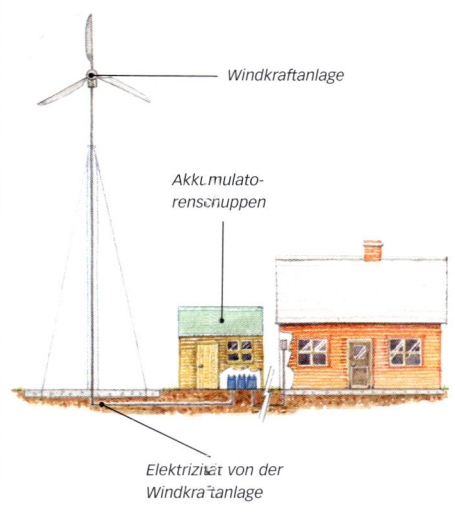

Windkraftanlage

Akkumulatorenschuppen

Elektrizität von der Windkraftanlage

Häufig gestellte Fragen
- **In welchen Größen gibt es Windkraftanlagen?** Es gibt sie als 600-, 1000-, 1500-, 2500- bis zu 6000-Watt-Anlagen und noch größer. Für ein mittelgroßes Haus reicht eine 600-Watt-Anlage für die Beleuchtung, mit einer 2500-Watt-Anlage haben Sie genügend Strom für Beleuchtung und alle Elektrogeräte.
- **Wie hoch muss der Mast bzw. Turm sein?** Das fängt bei 5,50 m für kleine Anlagen an und geht bis zu 15 m für Großanlagen. Im Allgemeinen ist die Luftbewegung bei höheren Masten besser und es gibt weniger Turbulenzen.
- **Kann man auf dem Hausdach eine Windkraftanlage installieren?** Die Nachfrage nach solchen Anlagen ist groß. Fachleute meinen aber, dass Vibration und Turbulenzen bei solchen Konstruktionen ein Problem darstellen.
- **Was ist besser – Netzabhängigkeit oder Netzunabhängigkeit?** Wenn Sie sehr isoliert wohnen und/oder Ihre Stromkosten extrem reduzieren wollen, ist Netzunabhängigkeit der einzig mögliche Weg.

Geothermie (Erdwärme)

● Woraus besteht sie?

Die Temperaturen unter der Erdoberfläche bleiben mehr oder weniger konstant und je tiefer man kommt, desto heißer wird es. Eine Geothermieanlage in Form eines Erdschleifensystems, durch das eine Mischung aus Wasser und Antigefriermittel fließt, nutzt diese konstanten Temperaturen, indem sie Erdwärme entzieht und ins Haus abführt. Ein System innerhalb des Hauses extrahiert und komprimiert die absorbierte Wärme und verteilt sie über das ganze Gebäude. Im Sommer kann man den Prozess zur Kühlung genau umkehren.

● Das System

Es besteht aus fünf Komponenten: Wärmepumpe, Erdschleifensystem, Wärmetauscher, Rohre im Haus und Stromversorgung für die diversen Pumpen. Es gibt drei Möglichkeiten für das Schleifensystem: vertikal in einem Bohrloch, unterirdisch in mehreren Gräben oder in flachem Gewässer, z. B. einem See oder Brunnen. Im Allgemeinen hängt die Konstruktion von der Bodenbeschaffenheit und der Größe des Grundstücks ab.

● Verwendung der Wärme

Wenn die Wärme aus dem Erdschleifensystem entzogen wird, kann sie in Form von warmer Luft oder Warmwasser verwendet werden. Bei einem durchschnittlichen System fließt das Warmwasser vom Erdschleifensystem über eine Wärmepumpe, wo die Temperatur auf etwa 50°C erhitzt wird. Dieses Wasser kann dann im Haushalt als Warmwasser und/oder für eine Niedrig-Temperaturheizung genutzt werden.

● Erdwärmesonde

Dieses System eignet sich, wenn Ihr Grundstück nicht allzu groß ist. Eine Erdwärmesonde wird installiert, indem ein Rohrpaar in ein Bohrloch gesenkt wird; diese Rohre werden am unteren Ende mit einem u-förmigen Teil verbunden. Der Hohlraum im Bohrloch wird mit einem Material mit guter Wärmeleitung aufgefüllt. Dieses System ist zwar teurer als andere, aber es ist die richtige Wahl, wenn Sie nicht Ihren ganzen Garten umgestalten und gleichzeitig auch ein Bohrloch für die Wasserversorgung haben wollen.

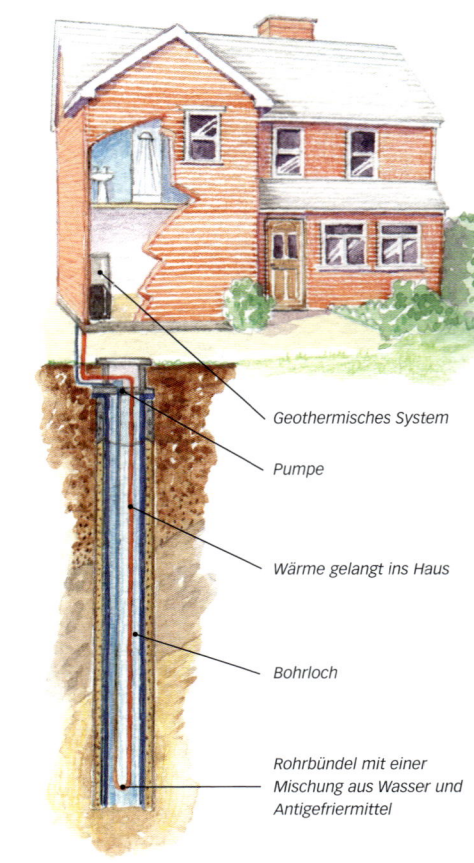

Geothermisches System

Pumpe

Wärme gelangt ins Haus

Bohrloch

Rohrbündel mit einer Mischung aus Wasser und Antigefriermittel

● Effizienz

Geothermie-Pumpen werden an ihrem „Coefficient of Performance" (COP) gemessen. Mit anderen Worten, es wird verglichen, wie viel Energie aufgewendet und wie viel Energie produziert wird. Geothermie ist besonders effizient: für jede Energieeinheit, die verbraucht wird, um das System zu betreiben, werden vier Einheiten an Wärmeenergie produziert. Im Vergleich dazu: Kohle ist etwa zu 70–90 % effizient, eine Wärmepumpe zu 400 %. Wie auch bei allen anderen Energiesystemen sollten Sie sich ausführlich erkundigen und mit Fachleuten sprechen, bevor Sie sich für ein System entscheiden.

● Horizontales Erdschleifensystem

Dieses System eignet sich besonders gut, wenn Sie mit einem unbebauten Grundstück anfangen und/oder die Arbeiten selbst verrichten wollen. Wenn die Anlage installiert ist, kann man den Grund darüber neu bepflanzen. Um die Geothermieanlage zu installieren, müssen Sie ein 100–200 m großes Erdschleifensystem in einen Graben versenken oder – wie auf der Abbildung – in ein ausgehobenes Erdbecken (250–450 m²). Das Schleifensystem muss sich in etwa 1,50–1,80 m Tiefe befinden. Der Boden sollte fest und eben sein. Das Ganze funktioniert nicht so gut, wenn die Erde steinig, sumpfig oder unstabil ist.

Wenn das Gutachten, das Sie erstellen lassen sollten, ergibt, dass der Boden rutscht oder sich absenkt, lassen Sie sich von einer Fachfirma beraten.

Warnhinweis
Auch wenn wir sagen, dass Sie Geld sparen können, indem Sie sich einen Bagger mieten und die Bauarbeiten selbst vornehmen, sollten Sie sich in jedem Fall vorher von einem Fachmann beraten lassen.

Geothermie-system

Erdschleifensystem mit Wärmetauscher und einer Mischung aus Wasser und Antigefriermittel

Rückfluss zum Haus

Häufig gestellte Fragen

- **Wie kann man das Bohrloch auch zur Wassergewinnung verwenden?** Wenn das Bohrloch gebohrt ist, werden zwei Rohrsysteme installiert: ein geschlossenes Schleifensystem für die Geothermie und ein offenes Einzelrohrsystem mit einer absenkbaren Pumpe für die Wassergewinnung.
- **Benötigen Geothermieanlagen viel Pflege?** Die Pumpe und der Kompressor müssen regelmäßig gewartet werden, aber das geschlossene Erdschleifensystem und das Wasserrohrsystem sind mehr oder weniger wartungsfrei. Die meisten Hersteller geben auf ein Schleifensystem eine Garantie von 50 Jahren.
- **Was kostet die Installation?** Wenn Sie sich für das Erdschleifensystem entscheiden und die Bodenbedingungen gut sind, können Sie die Kosten minimal halten. Entweder machen Sie die Arbeit selbst oder Sie suchen eine Fachfrima, die nicht zu teuer ist.
- **Ist Geothermie beliebt?** Das hängt ganz davon ab, wo Sie leben. In Landstrichen, in denen fossile Brennstoffe knapp sind und/oder wo es eine alte Tradition ist, dass man Bohrlöcher aushebt, wird viel mit Geothermie gearbeitet. Die Situation ändert sich heute schnell, da immer mehr Länder alternative Energiequellen erschließen müssen.
- **Ist die Geothermie-Technologie etabliert?** Die Technologie gibt es bereits seit etwa 80 Jahren, aber sie setzt sich erst seit der Einführung von hochqualitativen, kostengünstigen Plastik-Schleifensystemen mehr und mehr durch.
- **Kann man das ganze Projekt selbst bauen?** Das hängt natürlich von Ihrer Erfahrung und Ihrem Fachwissen ab, aber man kann die Anlage schon im Selbstbau montieren. Sie müssen aber vorher unbedingt ein Gutachten von Ihrem Grundstück erstellen lassen.
- **Kann ich ein Erdschleifensystem unter meine Einfahrt oder meinen Tennisplatz montieren?** Ja, es gibt dafür speziell gebaute Systeme, die man unter Einfahrten, Parkplätzen usw. installieren kann. Eine große, schwarze Fläche wie eine Teer-Makadamdecke erhöht die Leistungsfähigkeit des Systems.
- **Braucht man für ein Bohrloch eine Erlaubnis?** Das hängt ganz davon ab, wo Sie leben. Erkundigen Sie sich bei den zuständigen Behörden.
- **Kann man das Bohrloch in der Nähe vom Haus machen?** Wenn man bedenkt, dass das Bohren ein sehr aufwendiger Prozess ist, der viel Schmutz, Lärm und Vibration verursacht, ist es am besten, wenn das Loch möglichst weit vom Haus entfernt ist.

Wasserturbinen

● Ist eine Wasserturbine praktikabel?

Wenn Sie an einem relativ großen Bach leben und die Nutzungsrechte haben, dann ist eine kleine Wasserturbine durchaus eine Möglichkeit. Es gibt kleine kostengünstige Turbinen, die unter fließendem Wasser installiert und mit einer Reihe von Akkumulatoren verbunden sind. Unter den richtigen Bedingungen kann eine solche Anlage etwa 500 Watt Elektrizität produzieren – das reicht für ein einfaches System zur Beleuchtung. Wenn der Bach tief, schmal und schnellfließend ist, können Sie auch mehr als eine Turbine montieren.

● Traditionelle Wasserräder

Hierfür braucht man große Wassermassen in Form eines Mühlbachs und viele aufwendige Einrichtungen wie Schleusen, Wehr, Kanal usw. Es spricht nichts dagegen, ein altes Wasserrad zu modernisieren und es zum Betreiben eines Generators zu verwenden, anstatt wie früher einen Mühlstein zu betreiben. In den Industrieländern sind traditionelle Wasserräder jedoch nicht mehr sehr verbreitet und die meisten befinden sich im Museum.

● Moderne Turbinen

Das Hauptproblem ist nicht, wie man eine starke Strömung, z. B. einen Fluss, nutzt, um eine große Turbine zu betreiben – es gibt eine große Auswahl an Turbinen für diesen Zweck –, sondern wie man mithilfe eines kleineren Stroms eine kleine Turbine betreibt. Die einfachste Lösung ist die Montage einer tragbaren Turbine. Diese ist so gebaut, dass sie in relativ handliche Einzelteile zerlegt werden kann. Diese Anlagen zweigen das Wasser vom Fluss in einen Speichertank ab und leiten es von dort mithilfe von Rohren in die Turbine. Es gibt inzwischen viele Firmen, die Turbinen zum Selbstbau verkaufen.

Eine Pico-Turbine

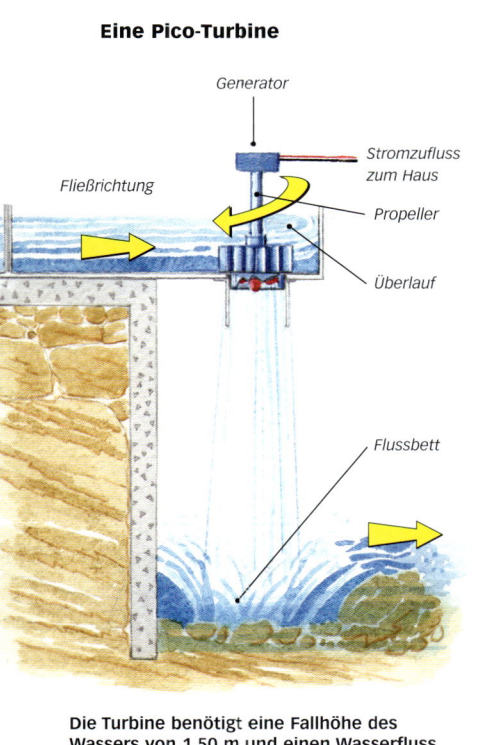

Generator

Stromzufluss zum Haus

Fließrichtung

Propeller

Überlauf

Flussbett

Die Turbine benötigt eine Fallhöhe des Wassers von 1,50 m und einen Wasserfluss von 70 l pro Minute.

Häufig gestellte Fragen

- **Kann man mit Wasserkraft kochen?** Ja, man muss den Strom nutzen, um Speicherwärme zu erzeugen. Mit dieser Wärme kann man dann einen großen Herd betreiben.
- **Müssen wir ein riesiges Betonfundament bauen, weil wir an einem Fluss wohnen?** Das hängt von der Strömung, der Größe des Flusses, der Erdbeschaffenheit usw. ab. Im Allgemeinen benötigen große Konstruktionen auch ein großes Fundament. Aus vielerlei Gründen ist es am besten, wenn Sie sich für eine kleine Turbine entscheiden, die praktisch in das Wasser gehängt werden kann. Lassen Sie sich von einer Fachfirma ein detailliertes Gutachten anfertigen und ausführlich beraten.
- **Habe ich das Recht, Wasser, das durch mein Grundstück fließt, zu nutzen?** Das ist ein sehr komplexes Thema und es ist besser, Sie gehen zunächst davon aus, dass Sie dieses Recht nicht haben. So können Sie nichts falsch machen, bis Sie sich die notwendigen Informationen besorgt haben.
- **Was ist eine Pelton-Turbine?** Die Pelton-Turbine wurde von dem amerikanischen Bergbauingenieur Lester Allan Pelton konstruiert. Das Wasser strömt in einem Strahl mit sehr hoher Geschwindigkeit aus einer oder mehreren Düsen auf die Schaufeln eines Laufrads. Alte Pelton-Turbinen sind heute noch im Einsatz und moderne Versionen werden weiterhin gebaut.

Inverter und Akkumulatoren

Was ist ein Inverter?

Der Inverter (auch Resonanzwandler genannt) wandelt Gleichstrom von einem Akku in Wechselstrom um. Alle Haushaltsgeräte wie Lampen, elektrisch betriebenes Werkzeug, Fernseher, Radio und Computer arbeiten mit Wechselstrom. Verbinden Sie den Inverter mit dem Akku, stecken Sie die Geräte in den Inverter und schon haben Sie Strom. Sie müssen sich vor der Anschaffung entscheiden, welche Geräte Sie damit betreiben wollen, und den entsprechenden Inverter kaufen.

Akkumulatoren

Um die relativ kleinen Strommengen, die von Windkraftanlagen oder Wasserturbinen produziert werden, zu speichern, verwenden Sie Akkumulatoren (wiederaufladbare Batterien) – am besten solche, die so konstruiert sind, dass sie sich wiederholt um 80 % entladen. Blei-Gel-Akkus eignen sich für das ständige Auf- und Entladen. Es gibt verschiedene Akkus, nehmen Sie aber lieber keine herkömmliche Autobatterie, die ist für diese Aufgaben nicht wirklich geeignet. Erkundigen Sie sich am besten im Fachgeschäft.

Warnhinweis

Akkus können gefährlich sein – sie sind schwer, die Säure kann auslaufen und man kann einen elektrischen Schlag bekommen. Akkus müssen immer in einem trockenen, sicheren und abschließbaren Raum aufbewahrt werden.

Akku-Aufbau

12-Volt Akku

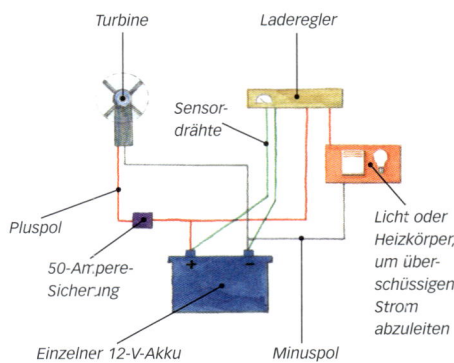

Turbine — *Laderegler* — *Sensordrähte* — *Pluspol* — *50-Ampere-Sicherung* — *Einzelner 12-V-Akku* — *Minuspol* — *Licht oder Heizkörper, um überschüssigen Strom abzuleiten*

24-Volt Akku

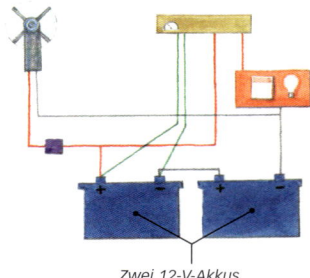

Zwei 12-V-Akkus

Die Diagramme zeigen zwei Möglichkeiten – einen 12-V-Single-Akku und einen 24-V-Doppel-Akku. Beide haben einen Regler, um die Spannung zwischen 12 und 15 Volt zu halten. Die Glühbirnen oder die Heizung dienen dazu, überschüssigen Strom abzuleiten, damit die Turbine immer mit der richtigen Strommenge läuft und nicht überladen wird. Mithilfe des Reglers bleiben die Akkus geladen, und wenn es notwendig ist, wird zusätzlicher Strom zu den Glühbirnen bzw. der Heizung geleitet.

Häufig gestellte Fragen

- **Wie lange hält ein Akku?** Das hängt von der Art des Akkus und auch vom Verwendungszweck ab. Ein Blei-Gel-Akku von höchster Qualität kann viele Jahre halten. Akkus halten nicht so lange, wenn sie zu heiß werden, wenn sie unbenutzt herumliegen, wenn sie überladen bzw. zu sehr entladen werden.
- **Was ist eine Panzerplatte?** Die Dicke der Bleiplatten in den Akkus bestimmt die Lebensdauer eines Akkus – je dicker die Platten, desto länger hält der Akku. Panzerplatten-Batterien können eine Lebensdauer von bis zu 20 Jahren haben.
- **Was bedeutet Ladungsmenge und Kapazität?** Die Ladungsmenge eines Akkus wird in Amperestunden angegeben und als Kapazität bezeichnet. Die Kapazität eines Akkus hängt vom Entladeverlauf ab, d. h. vom Entladestrom, von der Entladungsspannung und vom Ladezustand. Die entnehmbare Kapazität eines Akkus nimmt mit zunehmendem Entladestrom ab. Diese Kapazitätsverringerung unterscheidet sich je nach Akkutyp erheblich. Am besten lassen Sie sich in einem Fachgeschäft beraten, damit Sie den für Ihre Bedürfnisse geeigneten Akku bekommen.
- **Kann ich neue und ältere Akkus mischen?** Ja, das funktioniert, aber die Leistung des neuen Akkus wird sicherlich von den älteren beeinträchtigt. Daher ist es immer besser, wenn man Akkus verwendet, die gleich neu bzw. alt sind. Nachdem Sie Ihren Bedarf an Akkus geklärt haben, sollten Sie immer mit brandneuen Akkus von ausgezeichneter Qualität anfangen – wenn Sie es sich leisten können.

Wärmedämmung des Hauses

● **Ist Wärmedämmung wirklich so wichtig?**

Etwa 75 % unserer Energiekosten geben wir für die Heizung und Kühlung unserer Häuser aus. In älteren Häusern ohne jegliche Wärmedämmung verliert man mindestens 75 % der Wärme – 25 % über Decken und Dach, 35 % über die Wände und 15 % über den Boden. Gestalten Sie die Wärmedämmung Ihres Hauses optimal, können Sie Ihre Energiekosten um bis zu 70 % verringern. Wärmedämmung ist die kosteneffektivste aller Energiesparmaßnahmen.

Checkliste Wärmedämmung

- Erhöhen Sie die Wärmedämmung auf dem Dachboden.
- Bringen Sie an allen Fenstern und Türen dicke Vorhänge an – das ist viel wirkungsvoller als eine Doppelverglasung.
- Legen Sie vor alle Türen Zugluftstopper. Sie können z. B. lange schlangenförmige Stoffhüllen mit alter Kleidung füllen und unten an die Türen legen.
- Kleben Sie an alle Fenster Dämmfolie aus Plastik.
- Tragen Sie nur Kleidung aus Naturfasern und kleiden Sie sich den Jahreszeiten entsprechend – Wolle im Winter, Baumwolle und Leinen im Sommer.
- Hängen Sie dekorative Wandbehänge an die kalten Innenwände: Patchwork, Steppdecken oder Flickenteppiche – alles, was der Wärmedämmung dient.
- Legen Sie Teppiche und Läufer auf die Böden. Sie können auch mehrere Schichten aus Teppichen und Läufern aufeinanderlegen.
- Bauen Sie sich ein Himmelbett und bringen Sie rundherum Vorhänge an.
- Stellen Sie zwischen das Wohnzimmer, in dem Sie abends sitzen, und die Außentüren Abschirmwände.

● Maßnahmen zur Wärmedämmung

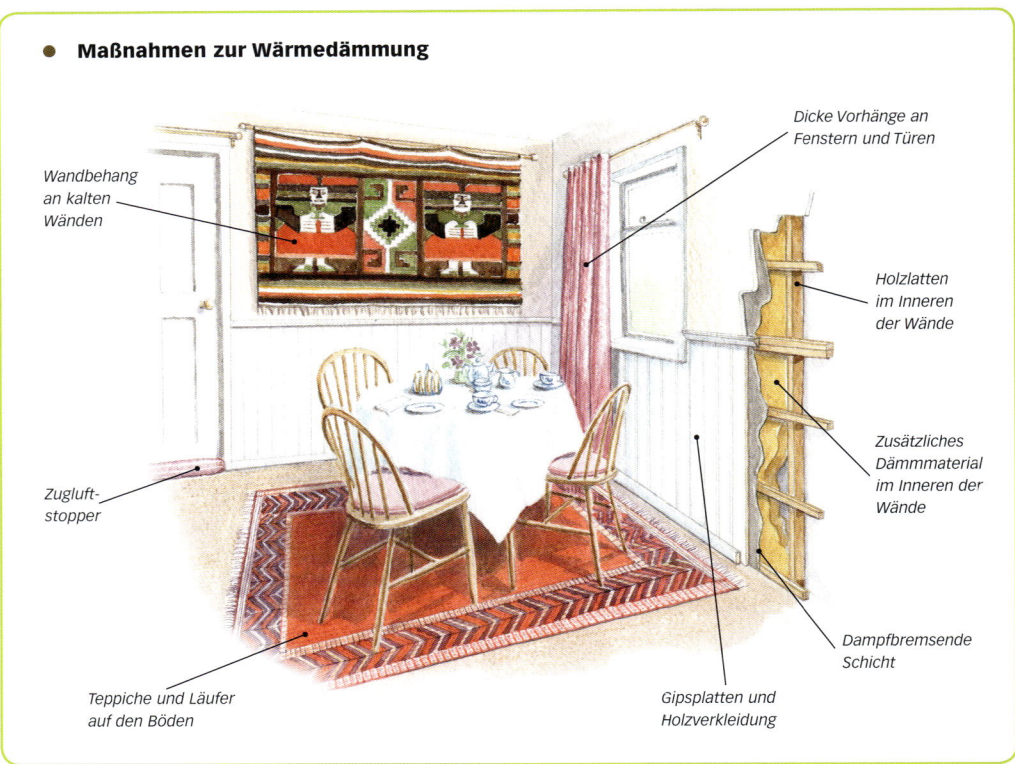

Dicke Vorhänge an Fenstern und Türen

Wandbehang an kalten Wänden

Holzlatten im Inneren der Wände

Zugluft- stopper

Zusätzliches Dämmmaterial im Inneren der Wände

Dampfbremsende Schicht

Teppiche und Läufer auf den Böden

Gipsplatten und Holzverkleidung

Häufig gestellte Fragen

- **Was bedeutet Wärmewiderstand (R-Wert)?**
Dieser Wert weist auf die Qualität von Wärmedämmung hin. Je besser die Dämmung, desto
höher der Wert, das heißt, umso geringer ist
der Wärmeverlust. Damit verbraucht man
weniger Energie, was der Umwelt zugute
kommt und dem Geldbeutel natürlich auch.

- **Was kann ich in puncto Wärmedämmung
tun, wenn ich nicht viel Geld habe?** Fangen
Sie beim Dachboden an und bringen Sie dicke
Dämmschichten an. Wenn Sie wieder etwas
Geld übrig haben, nageln Sie Holzlatten in das
Innere der Wände, füllen die Abstände mit
Dämmmaterial, bedecken das Ganze mit einer
dampfbremsenden Schicht und vergipsen die
Wände bzw. bringen Holzpaneele an.

- **Wie kann ich mein ziegelverkleidetes
Holzhaus wärmedämmen?** Füllen Sie die
Hohlwände innen mit Dämmmaterial und
bringen Sie neue Gipsplatten an. Außen ent-
fernen Sie alle Ziegel und Latten und füllen die
Hohlwände mit Dämmmaterial auf. Montieren
Sie eine dampfbremsende Schicht, vertikale
Latten, Querlatten und Ziegel.

- **Wie kann ich mein holzverkleidetes Landhaus wärmedämmen?** Außen entfernen
Sie die Holzplatten, füllen die Hohlräume mit
Schafwolle, bringen eine dampfbremsende
Schicht und neue Holzplatten an. Innen montieren Sie Lattenrahmen auf die Gipsplatten,
füllen die Hohlräume mit modernem, effek-
tivem Dämmmaterial oder mit Schafwolle.
Schließlich montieren Sie Holzpaneele.

● Ein Haus mit ultramoderner Wärmedämmung

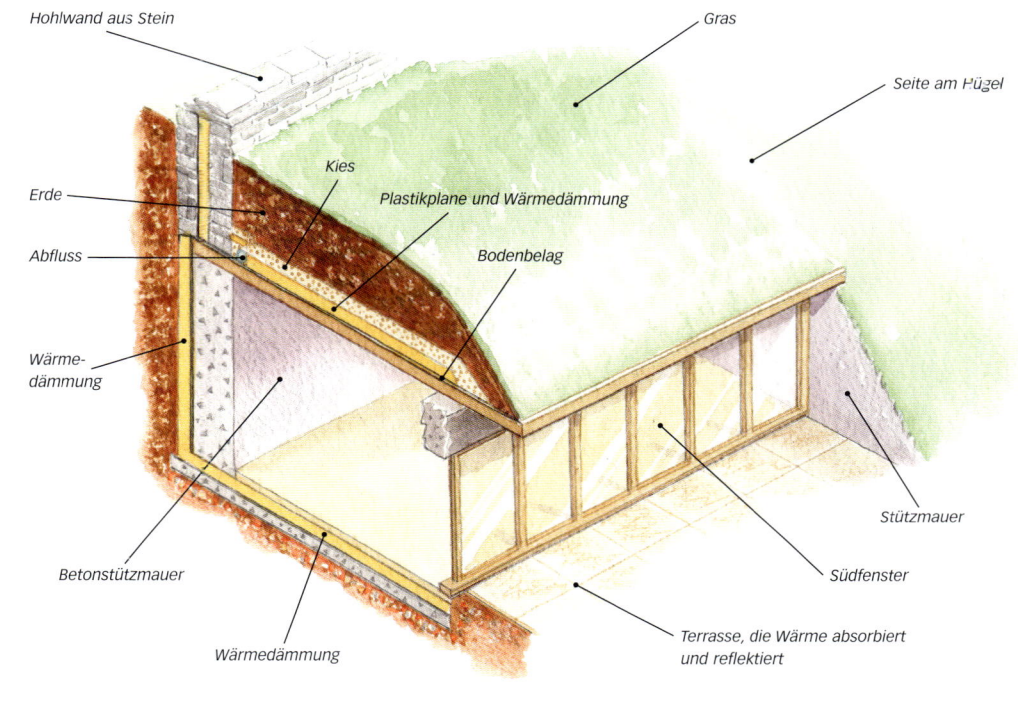

Hohlwand aus Stein

Gras

Seite am Hügel

Erde

Kies

Plastikplane und Wärmedämmung

Abfluss

Bodenbelag

Wärme-
dämmung

Betonstützmauer

Wärmedämmung

Stützmauer

Südfenster

Terrasse, die Wärme absorbiert
und reflektiert

● Bunker und Häuser mit Grasdach
Mit einem gut gebauten, halb unterirdischen Bunkerhaus mit Grasdach und Südfenstern kann man den Wärmeverlust um bis zu 90 % verringern.

● Dreifach- bzw. Vierfachverglasung
Eine Einfachglasscheibe verliert etwa 20-mal schneller Wärme als eine gut wärmegedämmte Wand. Eine Doppelverglasung halbiert den Wärmeverlust, eine Dreifachverglasung verringert den Verlust nochmals um 50 %.

● Woll- und Hanfdämmung
Schafwolle ist ein gänzlich natürliches und erneuerbares Produkt – ungiftig, biologisch abbaubar und damit sehr umweltfreundlich.

Hanfdämmung ist eine wahre Freude – sie fühlt sich gut an, riecht gut und ist sehr effizient. Wenn Sie schon einmal mit Glasfaserdämmung schlechte Erfahrungen gemacht haben, sollten Sie der Hanfdämmung eine Chance geben.

● Schilfrohrplatten
Diese Platten sind ein ökologischer Baustoff aus erneuerbaren Rohstoffen. Meistens werden die Platten ohne chemische Zusätze mit geringem Energieaufwand hergestellt. Die Platten können für Innen- und Außendämmung eingesetzt werden. Die Schilfrohrplatten können sehr umweltfreundlich entsorgt werden. Sie lassen sich im Bau gut mit Lehm- und Kalkputz verbinden.

Recycling der Haushaltsabfälle

● **Warum ist Recycling so wichtig?**

Es wird viel darüber geredet, aber viel zu wenig getan. Wir recyceln relativ eifrig das, was uns keine große Mühe macht: Plastik, Papier, Metall – aber der meiste Müll landet nach wie vor auf der Müllhalde. Jede Phase der Produktion schadet unserer Umwelt: Fossile Brennstoffe werden verwendet, Schadstoffe in die Luft geblasen und nach kurzer Nutzung werfen wir viele Produkte in den Müll. Sie können selbst schon viel tun, indem Sie Ihren Haushaltsmüll reduzieren.

● **Müll reduzieren**

• Kaufen Sie nur das, was Sie wirklich brauchen.
• Kaufen Sie keine Wegwerf-Gegenstände (z. B. Wegwerf-Grill), sondern solche, die mehrmals verwendet werden können.
• Vermeiden Sie Verpackungsmüll, indem Sie Produkte aus der Umgebung kaufen – frisches Brot vom Bäcker, Gemüse vom Gemüsehändler –, d. h. Produkte, die nicht für weltweiten Transport in Plastikfolie eingeschweißt wurden.
• Sie können Müll vermeiden, indem Sie Behälter und Produkte mehrmals verwenden.
• Kaufen Sie keine Produkte, die hauptsächlich aus Verpackung bestehen, z. B. Dosengetränke und abgefülltes Mineralwasser.
• Vermeiden Sie Plastiktüten. Nehmen Sie Ihre eigenen Einkaufstaschen mit.
• Sie können sich für die Einführung von biologisch abbaubaren Produkten einsetzen.
• Vermeiden Sie Verpackungsmüll und globale Transportwege, indem Sie Ihr eigenes Obst und Gemüse anbauen.

● **Tipps zur Wiederverwertung von Abfall**

• Verwenden Sie Holz als Brennstoff.
• Recyceln Sie Holz und bauen Sie damit Möbel usw.
• Spreißeln Sie Holz und verwenden Sie es als Kompost für den Garten.
• Geben Sie Papier und Pappe auf den Komposthaufen.
• Komprimieren Sie Papier und Pappe und verwenden Sie diese als Brennstoff.
• Nehmen Sie Papier und Pappe zum Basteln von Kunstgegenständen.
• Kompostieren Sie Naturfasern wie Wolle, Baumwolle, Seide und Leinen.
• Verwenden Sie Naturfasern – alte Kleidung – zum Putzen und kompostieren Sie diese dann.
• Verwenden Sie Naturfasern zur Wärmedämmung vom Dachboden und zur Isolierung von Rohren.
• Sie können Ihre Kreativität einsetzen und aus Naturfasern Kunstgegenstände herstellen.
• Verwerten und verkaufen Sie Metall.
• Verwenden Sie Metall für Heimwerkerarbeiten.
• Kompostieren Sie Küchen- und Gartenabfälle.
• Verwenden Sie leere Flaschen und Gläser zum Einmachen und zur Lagerung von Lebensmitteln.
• Lassen Sie Ihre Glasabfälle professionell zerkleinern und verwenden Sie diese als Bau- oder Dekorationsstreu.
• Sie können Kunst aus Glas herstellen.
• Verwenden Sie Weinflaschen, um Gartenmauern und Gartenskulpturen zu bauen.
• Plastikbehälter können Sie im Garten als Mini-Windschutz, Pflanzentöpfe und Behälter zum Keimen von Samen verwenden.

Beispiel für einen gut organisierten Wertstoffhof. Das sollte uns ermutigen, unseren Müll zu trennen.

Mülltrennung

Die Mülltrennung wird sehr unterschiedlich gehandhabt und je nach der Abfallpolitik und den vorhandenen Wiederverwertungsmöglichkeiten wird die Trennung auch regional unterschiedlich durchgeführt. Erkundigen Sie sich bei der zuständigen Behörde. Meistens kann man zu Hause bereits Papier, Plastik, Flaschen und Biomüll trennen. Diese werden dann von der Müllabfuhr abgeholt. Manchmal werden nur Papier und Pappe vor der Haustür eingesammelt und Flaschen müssen Sie selbst wegbringen. Die Situation ändert sich ständig, erkundigen Sie sich vor Ort.

Im Normalfall kann man seinen Haushaltsmüll bereits vor der Müllabfuhr trennen.

Recycling von Abfall

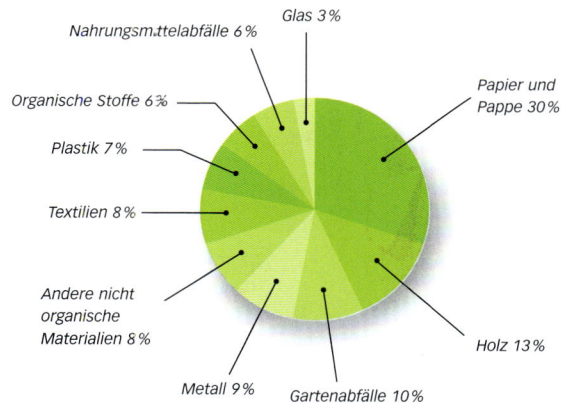

Manche Fachleute sind der Meinung, dass der Verbrauch und das Wegwerfen von Plastik der Hauptgrund für die weltweiten Umweltprobleme sind.

Die Tabelle zeigt deutlich, dass immer noch ein Großteil unseres potenziell giftigen Mülls auf der Müllhalde landet.

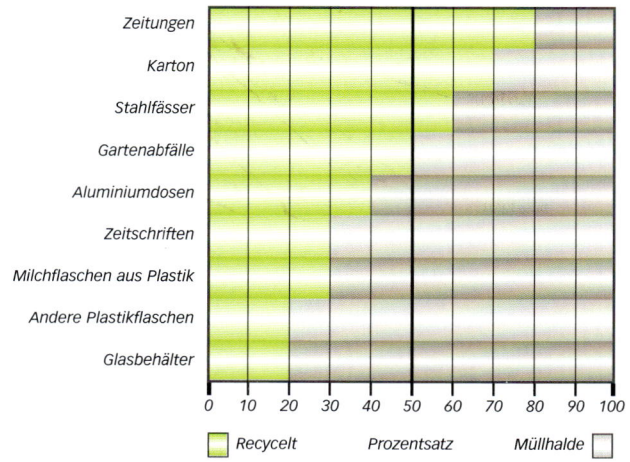

Weitere Möglichkeiten zum Recyceln
- Nehmen Sie Kontakt mit Hilfsorganisationen auf, die Secondhand-Textilien sammeln und verkaufen bzw. spenden.
- Mobilisieren Sie Ihre Gemeinde und verdienen Sie sich etwas dazu, indem Sie Papier, Textilien und Metalle sammeln und diese dann an Recyclingfirmen weiterverkaufen.
- Es gibt auch viele Materialien und Stoffe, die Sie für Schulprojekte sammeln können.
- Nicht mehr gebrauchtes Holzwerkzeug, Computer, Brillen und Handys können in Entwicklungsländer verschickt werden.

● Produkte aus recycelten Abfallstoffen
Das Angebot an recycelten Waren ist sehr begrenzt. Manchmal sind die Produkte von schlechter Qualität oder es sind vollkommen nutzlose Gegenstände – oder sie werden nicht angeboten. Es gibt aber z.B. Gummimatten, Federmäppchen und Buchumschläge, die aus alten Autoreifen hergestellt wurden. Viele Unternehmen haben kein Interesse, ihre Produkte zu recyceln, und oft werden nur die profitablen Gegenstände wie Papier, Metall und einige Plastikstoffe recycelt. Es gibt allerdings auch immer mehr Firmen, die sich auf Produkte aus wiederverwerteten Materialien spezialisieren.

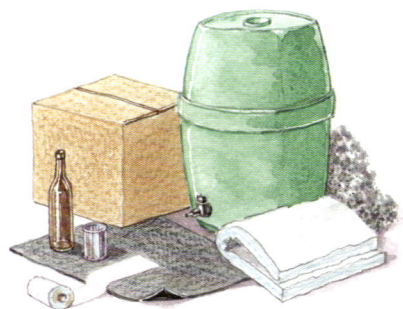

Ein paar Gegenstände des alltäglichen Gebrauchs, die aus recycelten Materialien hergestellt wurden: Karton, Flasche, Dose, Toilettenpapier, Teppichunterlage, Dämmmaterial und eine Regentonne für den Garten.

Sondermüll
Batterien, Haushaltsgeräte, Chemikalien, Medikamente und Neonröhren gehören in den Sondermüll. Sie können im Allgemeinen von den zuständigen Behörden erfahren, wo und wie dieser Sondermüll entsorgt werden muss.

Häufig gestellte Fragen
- **Können wir unseren Haushaltsmüll sammeln und verkaufen?** Ja, abgesehen von gesundheitlichen und sicherheitstechnischen Bedenken spricht nichts dagegen. Vielleicht finden Sie eine Marktlücke, z. B. für Kupfer, Blei oder Messing, und sammeln und verkaufen diese Materialien.
- **Was kann ich als Einzelperson am besten machen?** Die einfachste passive Methode ist der Boykott von bestimmten Produkten. Nehmen Sie z.B. keine Plastiktüten mehr im Supermarkt und Kaufhaus mit; je mehr Menschen das machen, desto wirkungsvoller ist es.
- **Was kann der eigene Anbau von Obst und Gemüse beitragen?** Wenn Sie Ihr eigenes Obst und Gemüse anbauen und nur nach den Jahreszeiten essen, wird sehr viel Energie durch die Reduzierung von weltweiten Transportwegen gespart.
- **Warum müssen wir Wegwerf-Gegenstände kaufen?** Keiner zwingt uns dazu. Noch gibt es Produkte, die man mehrmals verwenden kann, z.B. Pinsel anstatt Einwegpinsel. Verwenden Sie ein Stofftaschentuch und keine Papiertücher. Lagern Sie Lebensmittel in Glasbehältern und verwenden Sie gut schließende Plastikdosen anstelle von Frischhaltefolie.

Biologischer Anbau

Was gehört zum biologischen Anbau?

Biologischer Anbau ist eine Methode, bei der nur Stoffe verwendet werden, die von lebenden Organismen stammen. Das heißt: Kompost aus pflanzlichen Abfällen und Mist von Tieren. Es werden keine künstlichen Chemikalien und Düngemittel eingesetzt. Das Motto lautet „Nährt die Erde, nicht die Pflanze". Schädlinge werden mit natürlicher Methoden bekämpft und Unkraut wird ohne Herbizide im Zaum gehalten.

Kompost

Ein Kompostbehälter demonstriert die Philosophie der Selbstversorgung recht anschaulich: Küchen- und Gartenabfälle kommen oben hinein, die Natur macht ihre Arbeit und im Laufe der Zeit kann man unten reinsten Dünger und Nährstoffe für die Erde und Pflanzen entnehmen. Man benötigt mindestens einen gut versorgten Komposthaufen. Am besten sollten Sie aber gleich drei haben.

Traditionelles Umgraben

Teilen Sie das Beet der Länge nach in zwei Hälften auf. Heben Sie von einer Hälfte einen Graben aus und schaufeln Sie die Erde zur Seite. Geben Sie Kompost oder Dung in den Graben. Harken Sie das Unkraut vom nächsten Erd-Abschnitt und geben Sie es in den ersten Graben. Dann machen Sie den nächsten Graben und die Erde davon kommt in den ersten Graben über das Unkraut. Fahren Sie so fort, bis Sie beide Teile des Beetes auf diese Weise umgegraben haben. Den letzten Graben füllen Sie dann mit der Erde vom ersten Graben, die Sie beiseite geschaufelt hatten.

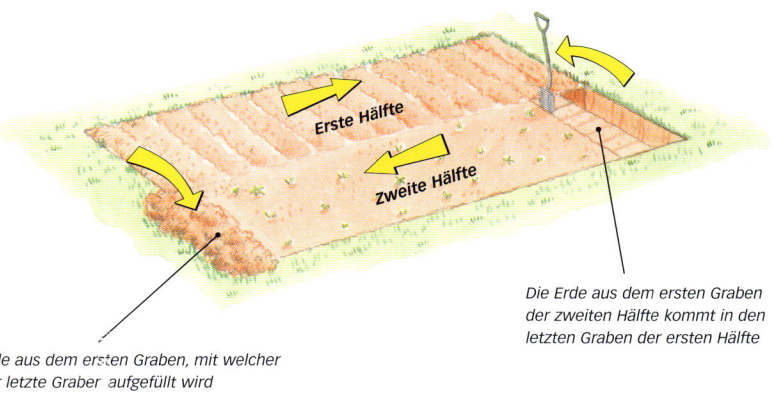

Die Erde aus dem ersten Graben der zweiten Hälfte kommt in den letzten Graben der ersten Hälfte

Erde aus dem ersten Graben, mit welcher der letzte Graber aufgefüllt wird

● Fruchtfolge

Gemüse kann man nach gemeinsamen Eigenschaften grob in drei Gruppen aufteilen. Teilen Sie deshalb den Gemüsegarten auch in drei Teile. Auf jedem Stück Land werden folgende Gemüsegruppen angebaut und im Rhythmus der Jahreszeiten wird gewechselt:

① Gruppe eins

Wurzelgemüse: Rote Bete, Karotten, Pastinaken und Schwarzwurzeln. Kartoffeln können ebenfalls hier angebaut werden.

Bodenvorbereitung: Wenn Sie den Boden vorbereiten, fügen Sie weder Kalk noch Mist hinzu. Harken Sie zwei Wochen, bevor Sie anbauen, einen Allzweckdünger unter.

② Gruppe zwei

Kohlgewächse: Brokkoli, Rosenkohl, Kohl, Blumenkohl, Grünkohl, Kohlrabi, Radieschen und Steckrüben.

Bodenvorbereitung: Graben Sie im Winter die Erde um. Geben Sie gut verrotteten Dung oder Gartenkompost hinzu, besonders wenn die Erde nicht ausreichend Humus hat (verrottete organische Stoffe wie Mist und Gartenkompost). Wenn die Erde einen hohen Säuregehalt hat, düngen Sie mit Kalk. Machen Sie das aber nicht gleichzeitig mit dem Einharken von Mist oder Kompost. Harken Sie etwa zwei Wochen vor dem Anbau einen Allzweckdünger unter.

③ Gruppe drei

Hülsenfrüchte und anderes Gemüse: Auberginen, Bohnen, Paprikagewächse, Stauden- und Knollensellerie, Lauch, Salat, Kürbispflanzen, Zwiebeln, Erbsen, Spinat, Mais und Tomaten.

Bodenvorbereitung: Wenn Sie die Erde im Frühwinter bearbeiten, arbeiten Sie Kompost oder Mist unter. Wenn die Erde einen hohen Säuregehalt hat, düngen Sie im Spätwinter den Boden mit Kalk. Harken Sie zwei Wochen vor dem Anbau einen Allzweckdünger unter.

Gemüsegruppen

Kartoffeln

Kartoffeln sind einfach anzubauen und zu lagern. Sie enthalten viel Vitamin C und Kalium und gehören zu unseren Grundnahrungsmitteln.

Kohlgemüse

Dazu gehören Rosenkohl, Grünkohl, Brokkoli und Blumenkohl. Sie enthalten Eisen, Kalzium, Vitamin C und E, haben einen niedrigen Fett- und einen hohen Natriumgehalt.

Rote-Bete-Familie

Rote Bete und ihre Kusinen Mangold, Wurzel- und Blattspinat sind sehr nahrhaft, enthalten kein Fett, wenig Kalorien und haben einen hohen Gehalt an Eisen, Kalium und Vitamin C.

Hülsenfrüchte

Dazu gehören Stangenbohnen, Ackerbohnen (Dicke Bohnen), Butterbohnen, grüne Bohnen und Erbsen. Sie haben einen niedrigen Fettgehalt, enthalten viel Protein, Eisen und Ballaststoffe. Sie sind einfach anzubauen und zu lagern.

Knollen- und Wurzelgemüse

Dazu gehören Karotten, Pastinaken, Haferwurzeln (Purpur-Bocksbart), Schwarzwurzeln (Winterspargel), Stauden- und Knollensellerie. Sie sind unkompliziert in Anbau und Lagerung.

Zwiebelfamilie

Zwiebeln, Knoblauch, Lauch und Schalotten enthalten das Antioxidationsmittel Quercetin. Sie haben wenig Kalorien und enthalten viel Vitamin B und C.

Gurkenpflanzen

Dazu gehören Kürbisse, Zucchini, Gurken, Einleggurken, Melonen und Sommerkürbisse. Sie enthalten viel Betakarotin, Vitamin C und Folat (Folsäure), sie sind kalorienarm und die Samen haben einen hohen Gehalt an Vitamin B, Protein und ungesättigten Fettsäuren.

Salatpflanzen

Dazu gehören Chicorée, Endivie, Kopfsalat, Schnittlauch, Kresse, Feldsalat und einige Kräuter. Sie sind alle sehr gesund.

Aussaat- und Anbaumethoden

Die Aussaat von feinem Saatgut im Feld oder Beet

- Zerkleinern Sie die Erde, bis sie eine fein krümelige Konsistenz hat.
- Markieren Sie die Saatreihen mit einer Schnur.
- Mit einer Hacke machen Sie die für die entsprechenden Samenkörner geeigneten Furchen.
- Machen Sie die Erde feucht und streuen Sie den Samen in die Furche.
- Rechen Sie die Samenkörner mit Erde zu und ebnen Sie den Boden.

Die Aussaat von mittelgroßem Saatgut im Feld oder Beet

- Markieren Sie die Saatreihen mit Bindfaden.
- Mit einer Hacke machen Sie die Furchen.
- Machen Sie die Erde feucht und geben Sie das Saatgut in die Furchen.
- Rechen Sie die Samenkörner mit Erde zu und ebnen Sie den Boden.

Die Aussaat von großem Saatgut im Feld oder Beet

- Zerkleinen Sie die Erde, bis sie eine fein krümelige Konsistenz hat.
- Markieren Sie die Saatreihen mit Bindfaden.
- Befestigen Sie die Erde mit einem Rechen.
- Machen Sie die Erde feucht.
- Mithilfe eines Setzholzes machen Sie die entsprechenden Löcher.
- Geben Sie je ein Samenkorn in ein Loch, gießen Sie sie und rechen Sie Erde über die Löcher.

Die Aussaat in Anzuchtschalen

- Füllen Sie die Kunststoffschalen mit Anzuchterde oder nährstoffhaltigem Anzuchtsubstrat.
- Mit einem Stück Holz entfernen Sie überschüssige Erde und drücken die Erde in der Anzuchtschale anschließend fest.

- Feuchten Sie die Anzuchterde gründlich an, geben Sie in jede Zelle der Anzuchtschale ein bis zwei Samenkörner und bedecken Sie diese mit Erde.
- Wenn die Sämlinge sich etabliert haben, nehmen Sie diese vorsichtig aus den Plastikschalen heraus und pflanzen sie ins Feld

● Die Aussaat in Anzuchttöpfen aus verrottendem Material

- Geben Sie Anzuchterde in die Töpfe.
- Feuchten Sie die Erde gründlich an und drücken Sie diese fest.
- Machen Sie ein Loch und geben Sie ein bis zwei Samenkörner hinein.
- Füllen Sie die Löcher mit Anzuchterde auf und feuchten Sie die Erde an.
- Wenn die Sämlinge ein Stück gewachsen sind, entfernen Sie die schwächsten Exemplare.
- Wenn die Sämlinge größer und kräftiger geworden sind, pflanzen Sie diese mitsamt den Töpfen aus.
- Der Topf zersetzt sich im Laufe der Zeit.

● Biologischer Anbau in Hochbeeten, die man nicht umgraben muss

Diese Methode des biologischen Anbaus beinhaltet, dass die tief liegenden Erdschichten unbewegt bleiben. So gelangt weniger Unkraut an die Oberfläche. Kleine Hochbeete werden wie folgt vorbereitet: die tief liegende Erde mit einer Lage Mulch zudecken, das kann z. B. Papier oder Pappe sein. Darauf geben Sie eine dicke Schicht gut verrotteten Mist. Die letzte Schicht besteht aus einer Mischung von Erde und Stroh, Heu oder Holzschnitzeln.

● Verschiedene Anbaumethoden

Ein kleines Treibhaus eignet sich für mittelgroße Gärten. Es gibt viele verschiedene Bauarten. Ein Plastiktunnel ist eine gute Wahl, wenn Sie Freilandpflanzen drinnen anbauen wollen. Die breiten und hoch gebauten Gewächshäuser sind im Prinzip am besten, da Sie aufrecht stehen und sich richtig bewegen können. Dort ist viel Platz für den Anbau und Sie kommen gut an alle Pflanzen ran. Außerdem ist die Durchlüftung besser.

Frühbeete, die man auch leicht selbst bauen kann, sind traditionelle Methoden zum Anbau unter Glas. Man kann die Frühbeete mit Heu und Mist sehr gut wärmedämmen, um die Setzlinge vor Kälte zu schützen. Der Mist zersetzt sich und produziert dabei Wärme.

Töpfe, Kübel und Behälter aller Art und Größe eignen sich, wenn Sie eher wenig Platz für den Anbau haben.

Der biologische Anbau von Obst

Warum Bio-Obst?

Obst ist gut und gesund – es schmeckt köstlich, enthält viele Nährstoffe, man kann es roh essen und es sieht sehr dekorativ aus. Die Früchte, die Sie selbst biologisch angebaut haben, sind aber etwas wirklich Einzigartiges. Ein saftiges, leckeres Stück Obst ist der ideale Snack für unterwegs. Was Auswahl, Geschmack und Konsistenz angeht, gibt es kaum etwas Besseres als selbst angebautes Obst – ob ein knackiger Apfel oder eine saftige Erdbeere.

Ein paar Fakten zum Obst

- **Äpfel** – es gibt Hunderte von Sorten. Im Handel werden meist nur noch sehr wenige angeboten.
- **Aprikosen** – mögen mildes Klima.
- **Birnen** – wachsen am besten an einem sonnigen, geschützten Platz im Garten.
- **Brombeeren** – kann man fast überall anbauen.
- **Cranberrys** – mögen feuchten Moorboden.
- **Erdbeeren** – breiten sich schnell aus und man hat nach kurzer Zeit mehr Pflanzen.
- **Feigen** – werden schon seit Jahrtausenden kultiviert.
- **Schwarze Johannisbeeren** – aus ihnen kann man gut Marmelade machen.
- **Kirschen** – Kirschbäume sind winterhart.
- **Pfirsiche** – benötigen Schutz und Wärme.
- **Pflaumen** – sind das robusteste Steinobst.
- **Rote und Weiße Johannisbeeren** – sind extrem widerstandsfähig.
- **Stachelbeeren** – sind leicht anzubauen.
- **Trauben** – die Freilandversion schmeckt am besten.
- **Maulbeeren** – wachsen auf recht hohen Bäumen und haben einen ausgeprägten Geschmack.
- **Quitten** – sind sehr lecker als Konfitüre.

Früchte vom Strauch

Brombeeren

Nachdem Sie die Früchte tragenden Äste abgeschnitten haben, machen Sie die neuen Triebe vom obersten Draht ab und verteilen sie über das Spalier. Lassen Sie das obere Drahtseil frei für die jungen Triebe, die im nächsten Jahr kommen. Wiederholen Sie diese Prozedur jedes Jahr.

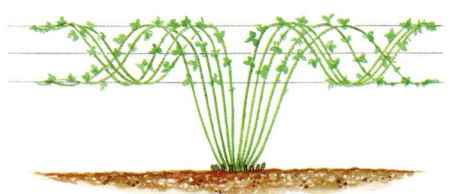

Stachelbeeren

Am Ende der Saison kürzen Sie die Triebe, die im Laufe der Saison gewachsen sind, auf die Hälfte. Schneiden Sie aus der Mitte Triebe weg, wenn es dort zu dicht ist. Alle verholzten Zweige, die älter als drei Jahre sind, bis auf 5 cm abschneiden.

Himbeeren

Schneiden Sie jedes Jahr im Spätwinter die Spitzen der Triebe bis auf 15 cm über dem oberen Draht ab. Nachdem Sie die Beeren geerntet haben, schneiden Sie alle fruchttragenden Triebe knapp über dem Boden ab und binden die neuen Triebe an das Spalier.

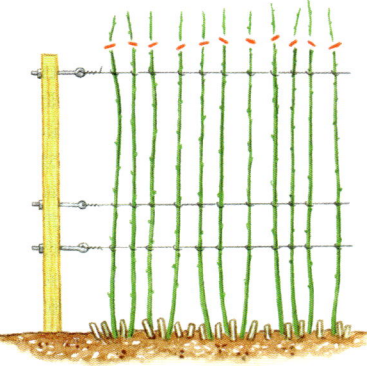

Rote und Weiße Johannisbeeren

Schneiden Sie sofort nach dem Einpflanzen die Haupttriebe um die Hälfte zurück. Das fördert starkes Wachstum. Lassen Sie nur die kräftigsten, schön locker verteilten Triebe stehen. Die Abbildung zeigt eine dreijährige Pflanze.

● **Einige gute Obstsorten**

Äpfel
Bramley: der ideale Kochapfel – grüne Haut und weißes Fruchtfleisch

Brombeeren
Black Satin: Sorte ohne Stacheln; mehrjährige Rankpflanze, braucht viel Sonne und regelmäßig Wasser; eignet sich für den Spalieranbau

Stachelbeeren
Hönings Früheste: früh reifende, süße, gelbgrüne Früchte; eine altbewährte Züchtung

Birnen
Conference: sehr beliebte, selbst befruchtende Sorte, die längliche, kompakte Früchte produziert

Pflaumen
Königin Victoria: die beliebteste und zuverlässigste Sorte, die man roh oder gekocht essen kann; die Sorte ist selbst befruchtend und die rotgoldenen Pflaumen sind groß, dick, fest und saftig

Erdbeeren
Florika Erdbeerwiese: Kreuzung zwischen Wald- und Gartenerdbeeren; Pflanze bildet dichte Teppiche; die Früchte haben ein tolles Aroma; die Pflanzen sind wenig anfällig für Pilzerkrankungen und Schneckenfraß

Baumobst, das leicht zu pflücken ist

Die drei Hauptobstsorten – Apfel, Birne und Pflaume – kann man auf verschiedene Arten anbauen. Zum Pflücken ist es am einfachsten, wenn man Buschbäume zieht. Die Büsche müssen in einem Abstand von etwa 4–6 m eingepflanzt werden – je nach Alter und Sorte. Wenn Sie sich Bäume kaufen wollen, sollten Sie die etwas teureren, zwei bis drei Jahre alten, in Kübeln gewachsenen Bäume bei einem Spezialhändler kaufen. Am besten pflanzen Sie die Bäume im Winter oder Vorfrühling ein; es ist aber auch zu anderen Jahreszeiten möglich.

Obstgärten

Obstgärten sind aus vielen Gründen etwas ganz Besonderes: Sie sind sehr attraktiv und ziehen viele Tiere sowie Insekten an. Sie können für Kinder wie Erwachsene ein therapeutischer Garten sein. Dort wachsen Äpfel, Birnen und Pflaumen in Hülle und Fülle und Sie können sie direkt vom Baum essen oder für Kuchen, Nachspeisen, Konfitüren, Erfrischungsgetränke, Wein und Cidre verwenden. Zu bestimmten Jahreszeiten können die Obstgärten auch Tieren wie Hühnern, Gänsen und Schweinen als Freilaufgehege dienen.

Das Einpflanzen eines Baums mit Wurzeln

Pflanzen Sie Laubbäume mit Wurzeln, wenn sie gerade nicht wachsen oder in Blüte stehen; am besten zwischen Spätherbst und Spätwinter. Prüfen Sie, ob die Wurzeln beschädigt sind.

Wenn nötig, schneiden Sie mit einer Gartenschere angebrochene, beschädigte und zu lange Wurzeln ab. Stellen Sie den Baum etwa 24 Stunden lang mit den Wurzeln in einen Eimer mit sauberem Wasser. Prüfen Sie, ob die Veredelungsstelle fest und gesund aussieht.

1. Graben Sie ein Loch in die Erde, das groß genug ist für den Wurzelballen. Machen Sie einen Erdhügel. Die alte Erdmarkierung am Stamm sollte nach dem Einpflanzen des Baums unterhalb des umgebenden Erdniveaus und somit nicht mehr sichtbar sein.

2. Schlagen Sie einen starken Pfahl in das Loch. Das obere Ende muss knapp unter dem untersten Ast sein. Geben Sie bröckelige Erde zwischen und über die Wurzeln und befestigen Sie die Erde schichtweise. Binden Sie den Baum 1–2 cm unterhalb des Pfahlendes mit einer Pflanzenstütze fest. Der Baumstamm soll gut gesichert, aber nicht eingeengt sein. Ebnen Sie die Erde um den Baum und gießen Sie weiträumig um den Baum herum.

Äpfel und Birnen im Spalieranbau

Im Sommer wachsen die Pflanzen. Führen Sie die zweite Reihe Zweige an dem obersten Draht entlang, sodass sie dem gleichen Muster folgen wie die Zweige am unteren Draht. Schneiden Sie die seitlichen Triebe von den Seitenarmen bis auf drei Blätter vor dem Hauptstamm zurück. Schneiden Sie außerdem alle Triebe, die vom Hauptstamm ausgehen, bis auf drei Blätter zurück.

Erdbeerfass

Erdbeeren in einem Fass sehen nicht nur attraktiv aus, sondern man kann so auch wenig Raum optimal nutzen. Die Fässer kann man mit Netzen vor Schneckenbefall schützen. Sie sind leichter zu bewässern und Sie können die Beschaffenheit der Erde besser kontrollieren. Das schafft ideale Bedingungen für das Wachstum von Erdbeeren.

Pfirsiche und Nektarinen in Fächerfom

Nehmen Sie im Sommer vier Triebe von jedem Zweig: Der erste wächst weiter; die zwei oberen Zweige bringen neue Triebe hervor; das gleiche macht auch der untere Zweig. Alle anderen Zweige bis auf ein Blatt zurückschneiden.

Hochstamm

Eignet sich besonders gut, wenn Sie nicht viel Platz haben. Diese Bäume wachsen in einem 45°-Winkel. Das geht besonders gut mit Apfel- und Birnbäumen.

Freilandtrauben

Von Anfang bis Mitte des Winters schneiden Sie die Seitentriebe bis zur ersten starken Knospe vom Vorjahr herunter. Wenn der führende Trieb den obersten Draht noch nicht erreicht hat, schneiden Sie diesen auf ein Drittel des Vorjahreswachstums zurück.

Der Anbau von Kräutern

● **Warum sollte man Kräuter anbauen?**

Kräuter sehen auf jeden Fall sehr hübsch aus – was kann denn schöner sein, als eine Hecke aus Rosmarinsträuchern? Sie blühen üppig und die grünsilbernen Nadeln sehen ausgesprochen attraktiv aus. Kräuter riechen wunderbar, der Duft von Lavendel ist ganz besonders angenehm. Kräuter sind außerdem gesund und peppen den Geschmack vieler Gerichte auf. Wie traurig wären Tomaten ohne Basilikum und Suppen und Salate ohne Petersilie?

● **Beliebte Kräuter**

Apfelminze
Ergibt einen
erfrischenden Tee

Lorbeer
Darf im Bouquet
garni und Eintöpfen
nicht fehlen

Borretsch
Ergibt ein
erfrischendes
Kaltgetränk

Schnittlauch
Schmeckt lecker
mit Käse

Koriander
Gehört in Currys und
asiatische Gerichte

Fenchel
Hat einen starken
Anisgeschmack

Knoblauch
Kann man sehr vielseitig verwenden

Meerrettich
Perfekt für
Rinderbraten

Petersilie
Gut in Salaten
und mit kaltem
Aufschnitt

Rosmarin
Ideal für Gerichte
der Mittelmeerküche

Salbei
Ergibt einen
gesunden Tee

Thymian
Passt besonders
gut zu gegrilltem
Fisch

Wachstumszyklus der Kräuter

Sie unterscheiden sich je nach Pflanzenart. Dazu gehören:

- **Einjährige Kräuter**: innerhalb eines Jahres wachsen, blühen und sterben die Pflanzen.

- **Zweijährige Kräuter**: haben einen zweijährigen Wachstumszyklus; dazu gehören Engelwurz, Kerbel, Kümmel und Petersilie.

- **Zwiebelgewächse**: Knollen, die praktisch aus vielen kompakten Blättern bestehen; dazu gehören Schnittlauch und Knoblauch.

- **Krautartige, mehrjährige Pflanzen**: langlebige Pflanzen, die im Herbst bis auf Bodenhöhe zurückgehen und im Frühjahr neue Triebe bekommen; dazu gehören Meerrettich, Estragon, Fenchel, Lakritz, Ysop (Josefskraut), Liebstöckl, Pfefferminze, Majoran, Süßdolde und Sauerampfer.

- **Strauchähnliche Kräuterpflanzen**: haben eine hölzerne Struktur und leben viele Jahre – manche verlieren ihre Blätter im Winter, andere sind immergrün; dazu gehören Zitronenmelisse, Eberraute, Rosmarin, Weinraute, Salbei und Thymian.

Anbaumöglichkeiten

Töpfe und Kübel

Kräuter in Töpfen und Kübeln eignen sich besonders für Kleingarten, Balkon und Terrasse.

Formlose Beetränder

Solche Arrangements am Beetrand vermitteln einen Eindruck von einem Bauerngarten. Die Anbauform eignet sich natürlich auch für den Stadtgarten.

Blumenkästen

Mit einem sorgfältig bepflanzten Kräuterkasten können Sie sich mit vielen Kräutern selbst versorgen.

Alte Wagenräder

Dies ist eine alte Tradition und sieht sehr hübsch aus. Mit etwas Glück finden Sie vielleicht ein altes Wagenrad beim Trödler.

Gepflasterter Garten

Dieses Arrangement eignet sich, wenn Sie Ihren Kräutergarten bei jedem Wetter begehen möchten.

● **Ernte**

Die Erntezeit hängt davon ab, welchen Teil der Pflanze Sie verwenden wollen. Pflanzen, deren Blätter und Stiele verwendet werden, werden jung gepflückt – am besten vor der Blüte. Kräuter, deren Samenkörner man nutzen möchte, erntet man, sobald die Samengefäße gereift sind. Blüten werden gepflückt, sobald sie anfangen zu blühen.

● **Kräuter trocknen**

Als energiesparender Verbraucher sollten Sie Kräuter frisch verwenden oder trocknen, sie aber nicht einfrieren. Am besten lassen sich Kräuter an einem gut belüfteten, trockenen Ort trocknen. Ideal ist es, wenn Sie eine Speisekammer haben. Aber auch oben auf dem Küchenregal kann man Kräuter trocknen. Wenn Sie die Kräuter in Behältern lagern wollen, stellen Sie diese an einen kühlen, dunklen und trockenen Ort. Beschriften und datieren Sie die Behälter. Wenn Sie die Kräuter richtig trocknen und lagern, behalten sie fast ein Jahr lang Aroma und Geschmack.

Nutztierhaltung

Hühnerhaltung

Ist es einfach, Hühner zu halten?

Die Menschen haben schon immer in ihren Stadtgärten Hühner gehalten. Hühner entsorgen Küchenabfälle, halten Gras und Unkraut im Zaum und fressen Käfer und anderes Ungeziefer. Hühner brauchen unter Umständen zusätzliches Protein und sie müssen natürlich rund um die Uhr versorgt werden. Aber dafür bekommen Sie fast das ganze Jahr frische Eier. Wenn Sie in der Lage sind, ein Huhn zu schlachten, können Sie auch das Fleisch essen. Achten Sie bei der Wahl der Rasse darauf, dass sie Ihren Bedürfnissen entspricht.

Die Wahl einer Rasse

Jede Hühnerrasse hat ihre einzigartigen Qualitäten und Merkmale: Legezuverlässigkeit, Farbe der Eier, Robustheit, Fleischqualität usw. Sie müssen sich über die gängigen Rassen in der Gegend informieren, in der Sie sich niederlassen wollen – es gibt natürlich nicht alle Hühnerrassen überall – und Sie müssen entscheiden, was Ihnen wichtig ist: gutes Fleisch, viele Eier oder beides.

- **Orpington, Farbschlag gelb:** große, kräftige, robuste, freundliche, gelb, weiß, blau oder schwarz befiederte Hühner, die weißes Fleisch haben und braune Eier legen. Sie sind gute Fleisch- und Eierlieferanten.

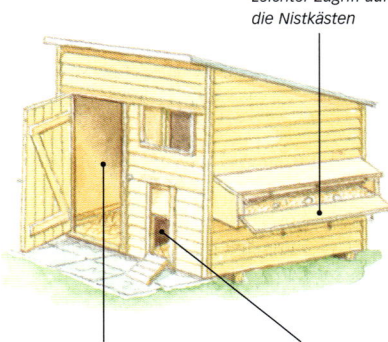

Der Hühnerstall

Begehbarer Stall

Leichter Zugriff auf die Nistkästen

Ausreichend hoher Eingang, damit Sie den Stall leicht sauber machen können

Hühnerklappe, die nachts geschlossen wird, damit Füchse nicht in den Stall gelangen

Ein traditioneller begehbarer Hühnerstall mit Lüftungsklappen an der Vorderseite und einer Reihe Nistkästen. Diese Bauart erleichtert das Säubern und das Einsammeln der Eier sehr.

- **Plymouth Rock:** kleine, robuste Hühner mit einem weiß-fasanfarbenblauen Federkleid. Das Fleisch ist gelb, die rosa bis braunen Eier sind groß; diese Rasse ist besonders in den USA beliebt.

- **Rhode Island Red:** große, zähe, widerstandsfähige, dunkelbraun bis rot befiederte Rasse. Das Fleisch ist gelb und die Eier sind braun. Ein guter und zuverlässiger Eierlieferant.

Tragbares Hühnerhaus

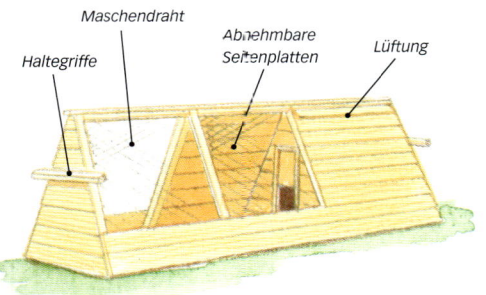

Haltegriffe

Maschendraht

Abnehmbare
Seitenplatten

Lüftung

Ein tragbares Hühnerhaus mit einem integrierten Gehege. Diese Ställe kann man leicht und schnell auf ein frisches Stück Wiese tragen.

Weitere Möglichkeiten

Es gibt viele verschiedene Hühnerställe auf dem Markt: von den oben beschriebenen traditionellen Stallmodellen über kleine Plastikställe für ein bis zwei Hühner, die für den Stadtgarten geeignet sind, bis hin zu begehbaren Ställen, in die 50 oder mehr Hühner passen. Stecken Sie als Erstes das Gebiet, auf dem Sie die Hühner halten wollen, mit Maschendrahtzaun ab. Verwenden Sie Maschendrahtzaun, der etwa 2,40 m breit ist, und versenken Sie ihn etwa 45 cm in die Erde. So bekommen Sie einen abgesicherten, etwa 2 m hohen Zaun.

● Nahrung

Sie brauchen einen speziellen Trog, in dem das Futter sauber und trocken bleibt, außerdem einen zweiten Trog oder niedrigen Eimer für Wasser. Legehennen brauchen außer dem Grünzeug aus Küche und Garten noch Getreide, Grieß und Kraftfutter. Das Grünfutter hängen Sie am besten in einem Netz an einem Zaunpfahl auf. So können die Hühner das Gemüse essen, ohne dass sie auf ihm herumtrampeln. Legehennen sollten zusätzlich mit Hafer und Mais gefüttert werden. Wenn Sie Hühner wegen dem Fleisch züchten, sollten Sie die Tiere darüber hinaus mit einer Mischung aus gekochten Kartoffeln und Gerstenmehl füttern.

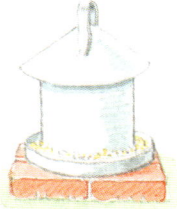

Getreidetrog

Netz für das
Grünfutter

Sandbad

- **Probleme mit den Eiern**

An einer Seite abgeflacht: Das Huhn ist übergewichtig und muss abnehmen.

Schrumpelige Schale: Das Futter enthält zu viel Stärke.

Dünne Schale: Das Futter enthält nicht ausreichend gemahlene Austernschale bzw. Grieß.

Eier ohne Schale: Das Futter enthält nicht genügend Grieß und/oder zu viel Protein.

Doppeltes Eigelb: Das Futter enthält zu viel scharfe Zutaten und/oder es handelt sich um ein genetisches Problem.

Blut im Ei: Das Huhn leidet unter inneren Blutungen, die in der Regel auf ein Gesundheitsproblem hinweisen.

- **Pflegeroutine**

Die meisten Leute, die sich zum ersten Mal Hühner halten, fangen mit einem tragbaren Stall, vier Legehennen und einem Futtervorrat an – im Glauben, das wäre alles. Meistens geht das ein paar Wochen lang gut und dann tauchen die ersten Probleme auf: Das eine Huhn frisst nicht mehr, das andere legt keine Eier und Ähnliches. Diese Probleme kann man aber durch regelmäßige Pflege vermeiden: Der Wassertrog muss jeden Tag ausgewaschen werden. Der Stall muss einmal in der Woche ausgefegt und mit Seifenlauge und Desinfektionsmittel geputzt werden. Der Stall und die Hühner müssen pingelig genau auf Milben untersucht und die Ställe regelmäßig auf ein frisches Stück Wiese verlagert werden.

Desinfizieren

Hühner kann man im kleinen Stadtgarten genauso leicht halten wie im großen Garten auf dem Land.

Hühner schlachten

Wenn Sie Hühner nicht nur wegen der Eier sondern auch wegen des Fleisches halten, sollten Sie sich früher oder später mit der Tatsache beschäftigen, dass Sie ein Huhn schlachten müssen. Wenn Sie zum ersten Mal Hühner halten, empfehle ich Ihnen, sich das Schlachten vor einem erfahrenen Hühnerzüchter erst einmal zeigen zu lassen.

Problemlösungen

Problem	Mögliche Ursachen	Mögliche Abhilfe
Geschwüre an den Füßen, Huhn humpelt	Es könnte sich um eine Fußkrankheit handeln.	Die Füße mit Desinfektionsmittel reinigen und dann einweichen; entfernen Sie mögliche Fremdkörper, drücken Sie Eiter heraus und verbinden Sie die Füße.
Geschwollener Kropf, das Huhn bewegt sich langsam und lässt den Kopf hängen	Im Kropf befinden sich lange Grashalme/ballaststoffhaltige Fasern/Federn.	Geben Sie lauwarmes Seifenwasser in den Kropf, um das Gewebe weicher zu machen; massieren Sie mit den Fingerspitzen sanft den Kropf, um die Blockade wegzubekommen.
Huhn kratzt sich viel, die Federn sind ausgefranst/zottelig und die Haut ist entzündet	Externe Parasiten wie Rote Milbe oder Läuse; manche Milben sind so klein, dass man sie kaum sehen kann, manchmal sind es so viele auf einem Haufen, dass es aussieht wie ein Schmutzfleck.	Säubern Sie den Stall sehr gründlich – wenn nötig sogar mehrmals; bürsten oder sprühen Sie in alle Ecken und Ritzen Paraffin; pudern Sie Stall und Hühner mit dem entsprechenden medizinischen Puder ein.
Bei heißem Wetter sehen die Hühner schwach aus.	Angst/Trauma. Wenn es sehr heiß ist und mehrere Hühner schlecht aussehen, kann es sein, dass sie unter Hitzeschlag leiden; wenn es sich nur um ein einzelnes Huhn handelt, leidet es möglicherweise unter einem Knochenbruch oder einer inneren Blutung.	Wenn es sich um Hitzschlag handelt, sorgen Sie dafür, dass die Hühner ausreichend Wasser und Schatten haben; wenn nur ein Huhn krank ist, trennen Sie es vom Rest. Wenn das Problem innerhalb von drei Tagen nicht verschwunden ist, sollten Sie das Tier einschläfern lassen.
Das Huhn steht mit erhobenem Kopf da und sieht aus, als würde es nach Luft schnappen.	Es handelt sich höchstwahrscheinlich um Fadenwürmer im Hals. Sie können eventuell fadenähnliche Würmer im hinteren Teil des Halses sehen.	Traditionell löst man das Problem, indem man eine Feder in Paraffin taucht und sie dazu benutzt, die Würmer aus dem Hals zu ziehen und gleichzeitig den Hals einzustreichen; wenn mehr als ein Huhn von Würmern befallen ist, ist wahrscheinlich auch der Boden kontaminiert und die Hühner müssen umgesetzt werden.
Geschwollene Gelenke, sichtbar schmerzhaft	Gicht und/oder eine andere Gelenkkrankheit; eventuell falsche Ernährung	Geben Sie den Tieren anderes Futter und lassen Sie sich von der Tierärztin beraten.

Entenhaltung

Sind Enten leichter zu halten als Hühner?

Enten sind zäher als Hühner und daher in gewisser Weise leichter zu managen. Wenn Sie Wasser haben – einen See, Teich, Bach oder sogar nur eine Anzahl von großen Trögen –, wenn Sie viele Küchenabfälle produzieren und gegen Unordnung und Schmutz nicht empfindlich sind, eignen sich Enten gut. Es ist allerdings schwierig, eine Rasse zu finden, die sich für Eier und Fleisch eignet. Daher ist es am besten, Sie halten sich zwei Arten – eine für Eier, die andere zum Essen.

Die Wahl einer Rasse

Sehen Sie sich Ihr Grundstück unter dem Aspekt der Entenhaltung an: Gibt es einen Teich, wo befindet sich die Wasserquelle, wie viel Schatten gibt es und ähnliche Aspekte. Danach fragen Sie sich, warum Sie ausgerechnet Enten und nicht Gänse oder Hühner halten wollen, und ob Sie Eier oder Fleisch oder beides möchten. Wenn Sie über all das nachgedacht und das Land dementsprechend vorbereitet haben, suchen Sie sich die Enten aus, die Ihren Bedürfnissen entsprechen. Die Beispiel-Rassen können Ihnen vielleicht bei der Auswahl helfen. Erkundigen Sie sich dennoch vorher, welche Rassen in Ihrer Region gängig sind.

- **Aylesbury-Ente:** Alte englische Rasse. Massiger Vogel mit weißem Gefieder. Sehr beliebt wegen seines Fleisches. Legt große, weiße/blaugrüne Eier. Diese Ente ist eine gesunde Rasse mit glänzendem weißen Federkleid, rosa Schnabel, dunklen Augen und orange-farbenen Beinen und Füßen.

- **Indische Laufente:** Eignet sich besonders für unebenen, nicht so gut gepflegten Boden. Ist nicht gerne eingeengt. Die Rasse eignet sich für Eier, zum Verzehr ist sie etwas zu zäh. Es gibt diese Rasse in fünf Farben bzw. Farbkombinationen – weiß, schwarz, schokoladenfarben, beige und weiß-beige. Die schwarze Rasse hat ein herrlich glänzendes Federkleid, einen schwarzen Schnabel und schwarze oder beige Beine und Füße.

- **Khaki-Campbell-Ente**: Eine englische Rasse. Eine der besten Rassen für Eier, und das Fleisch ist auch nicht zu verachten. Diese Rasse ist sehr robust und legt etwa 300 Eier im Jahr. Der Erpel hat einen braunen Kopf, Nacken, Hinterteil und Flügelspitzen und ist sonst khakifarben. Der Schnabel ist dunkelgrün und die Beine und Füße sind dunkel-orange. Die Ente ist khakifarben, hat schwarz durchzogene Flügel und einen grün-schwarzen Schnabel. Die Beine und Füße haben die gleiche Farbe wie der Körper.

Der Entenstall

Es gibt inzwischen alle möglichen Ställe für Enten. Der traditionelle A-förmige Stall ist aber immer noch eine gute Möglichkeit, weil er so leicht zu verlagern ist. Wenn der Boden ausgelaugt und abgegrast ist, kann man diesen Stall einfach hochheben und an eine andere frische Stelle stellen. Es gibt auch Fachleute, die einen begehbaren Stall besser finden. Das Gehege muss sich innerhalb stabiler Maschendrahtzäune befinden

(s. S. 81). Wenn Sie ein Problem mit
Füchsen haben, können Sie auch das
gesamte Gehege mit Maschendraht von
oben zumachen. Sie können um den
Maschendrahtzaun herum einen äußeren elektrischen Zaun errichten.

Tragbarer Entenstall

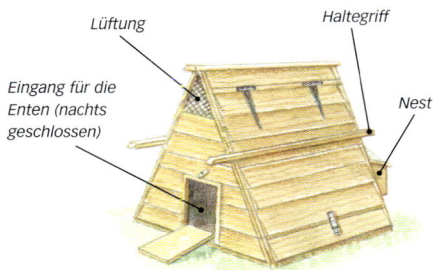

Lüftung

Haltegriff

Eingang für die
Enten (nachts
geschlossen)

Nest

**Kaufen Sie einen speziell für Enten gebauten Stall
– einen, bei dem man die Seitenklappen aufma-
chen kann, um den Stall richtig zu säubern.**

Entenhaus

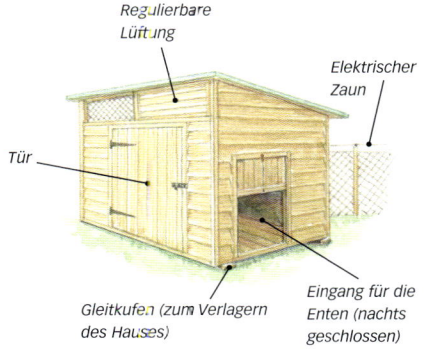

Regulierbare
Lüftung

Elektrischer
Zaun

Tür

Gleitkufen (zum Verlagern
des Hauses)

Eingang für die
Enten (nachts
geschlossen)

**Am besten wählen Sie einen Stall, in dem Sie
aufrecht stehen können, damit Sie ihn richtig
sauber machen können.**

● Nahrung

Sie brauchen einen speziellen Trog, damit das
Futter trocken bleibt und nicht auf den Bo-
den fällt. Außerdem brauchen Sie einen Trog,
Eimer oder Teich für die Wasserversorgung.

Außer Wasser und Grütze gibt es noch die
folgenden zwei Möglichkeiten zur Haupternäh-
rung der Enten: (1) Küchenabfälle, Kraftfutter
und frisches Grünfutter oder (2) Küchenabfälle,
Grünfutter und eine traditionelle Mahlzeit aus
Kartoffeln, Karotten und Steckrüben.

● Wasser

Ideal ist natürlich ein Teich, der breit und tief
genug ist, damit die Enten umherschwimmen
und mit dem Kopf eintauchen können. Wenn Sie
keinen Teich haben, können Sie auch mehrere
große Tröge und eine Art Dusche oder Spring-
brunnen bauen.

**Ein Kiesstrand, der zum Wasser führt, erleichtert
den Enten das Hinein- und Hinausgehen.**

● Pflegeroutine

Die meisten Enten können den Großteil ihres
Lebens im Freien verbringen. Es ist aber besser
und sicherer, wenn sie nachts im Stall sind.
Wenn Ihre Enten in der Nacht ungewöhnlich laut
sind, haben Sie entweder zu viele oder nicht
genügend Enten in einem Stall. Der Stall für eine
Schar von 20 Enten sollte etwa 3 x 2,50 m groß
sein. So hat jede Ente etwa 0,35 m² Platz – das
reicht zum Strecken und Flügelschlagen. Enten
ziehen ein ruhiges Leben vor: nicht zu viel Lärm
und Unruhe, regelmäßiges Futter, etwas zum
Unterstellen bei zu viel Sonne und Regen, ein
Sandbad und Zugang zum Wasser, wann immer
sie baden gehen möchten.

● Schlachten

Wenn Sie das erste Mal eine Ente schlachten wollen, wenden Sie sich bitte an einen Fachmann.

Problemlösungen

Problem	Mögliche Ursachen	Mögliche Abhilfe
Die Ente humpelt.	Es kann sich um verschiedene Krankheiten handeln oder um eine Verletzung wie einen Schnitt, Splitter oder Riss.	Reinigen Sie die Füße mit Desinfektionsmittel und lassen Sie diese etwas einweichen. Untersuchen Sie die Füße gründlich. Entfernen Sie Schmutz und verbinden Sie die Wunde. Wenn die Ente weiterhin humpelt, holen Sie den Tierarzt.
Die Augen sind verklebt; die Ente sieht unglücklich aus.	Enten müssen die Möglichkeit haben, den Kopf ganz ins Wasser eintauchen zu können. Es könnte sich um eine Augenentzündung oder einfach nur trockene Augen handeln.	Wischen Sie mit lauwarmer Seifenlauge die Verschmutzung um die Augen ab; sorgen Sie dafür, dass die Enten immer ausreichend Wasser haben, prüfen Sie das täglich.
Die Enten wirken gesund, das Federkleid sieht aber zottelig, schmutzig und unordentlich aus.	Ein schmutziges, ungepflegtes Gehege; ein schmutziger Stall und nicht genug Wasser und Sand.	Machen Sie den Stall richtig sauber und stellen Sie ihn an einen anderen Platz; stellen Sie den Enten ein Sandbad und ausreichend Wasser zur Verfügung.
Die Enten verlieren an Gewicht, das Federkleid sieht ausgefranst und zottelig aus, die Haut sieht entzündet aus.	Es kann sich um externe Parasiten wie die Rote Milbe oder Läuse handeln, und/oder Mangelernährung (manche Milben sind so klein, dass man sie mit bloßem Auge gar nicht sehen kann).	Machen Sie den Stall gründlich sauber; pudern Sie Enten und Stall mit dem entsprechenden Medikament ein; sorgen Sie für eine ausgewogene Ernährung.
Die Enten sehen nicht besonders glücklich aus und legen weniger Eier.	Es kann sich hier um kollektive Angst oder ein Trauma handeln, das durch tief fliegende Flugzeuge, Gewitter, Ratten oder einen Fuchs auf der Jagd ausgelöst wurde.	Sorgen Sie dafür, dass die Enten ausreichend Wasser haben; beruhigen Sie die Tiere, indem Sie ihnen mehr Futter geben; halten Sie nach Füchsen und anderen Feinden Ausschau.

Entenküken sind in einem eingezäunten Gehege am besten geschützt.

Gänsehaltung

● Lohnt es sich, Gänse zu halten?

Wenn Sie eine Grünfläche haben – wie z. B. einen überwachsenen Obstgarten – und viele Küchenabfälle produzieren, brauchen Sie nicht sehr viel mehr für die Versorgung der Gänse; Gänse benötigen kaum zusätzliches Futter. William Corbett (1773–1835), ein englischer Landwirt, Journalist und Politiker, schrieb, dass Gänse zu den am meisten abgehärteten Tieren auf der ganzen Welt gehören und 100 Eier im Jahr legen. Das produktive Leben einer Gans ist sechsmal so lang wie das eines Huhns.

● Die Wahl einer Rasse

Betrachten Sie erst einmal Ihr Gelände genauer: Lage, Eigenschaften, Wasservorkommen, Grasmenge, Zäune, Schatten und Schutz. Denken Sie daran, dass Gänse viel Platz zum Grasen brauchen. Treffen Sie erst nach reiflicher Prüfung eine Entscheidung.

- **Emdener Gans (auch Schwanengans):**
  Guter Fleisch- und Eierlieferant. Diese Rasse ist sehr abgehärtet und leicht zu halten. Eine gesunde Rasse mit einem glänzenden, rein weißen Federkleid und leuchtend-orangefarbenen Beinen und Füßen. Ein Tier wiegt durchschnittlich 8 kg.

- **Roman Gans:** Guter Fleisch- und Eierlieferant. Hat eine aufrechte Körperhaltung, ein rein weißes Federkleid und orangerosafarbene Beine und Füße. Ein gesunder Vogel wiegt im Durchschnitt 5,5–6,5 kg.

- **Toulouse-Gans:** Eine französische Rasse. Legt bis zu 60 Eier im Jahr und eignet sich zum Verzehr. Die Gans hat ein grau-weiß-meliertes Federkleid und orangefarbene Beine und Füße. Eine gesunde Gans wiegt etwa 13,5 kg.

● Der Gänsestall

Gänse kann man fast überall halten: in einem Schuppen, in einem einfachen Anbau an einer Scheune oder in einer provisorischen Unterkunft, die aus Heuballen und einem Wellblechdach gebaut ist. Der Stall muss vor Füchsen gesichert werden, die Gänse müssen aufrecht stehen können, außerdem muss er trocken sein und mit Nistkästen versehen werden. Die Fläche um den Stall muss mit Maschendraht abgezäunt werden (s. S. 81). Sie sollten auch einen Futter- und einen Wassertrog oder niedrigen Eimer anschaffen. Man sollte die Gänse nachts am besten einsperren, auch wenn ein halbes Dutzend gesunder Gänse normalerweise einen Fuchs – außer er ist total verzweifelt – in die Flucht schlagen kann. Gänse können ziemlich aggressiv, durchaus gefährlich und für kleine Kinder zum Fürchten sein.

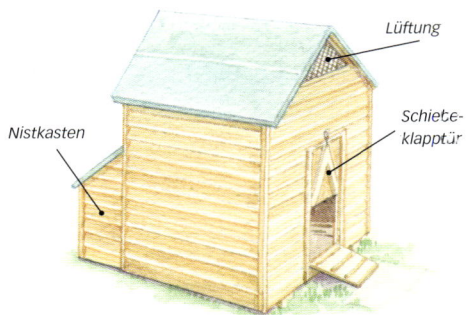

Lüftung

Nistkasten

Schiebeklapptür

Ein einfacher Gänsestall mit einem leicht erreichbaren Nistkasten, Lüftung im Giebel und einer Schiebeklapptür

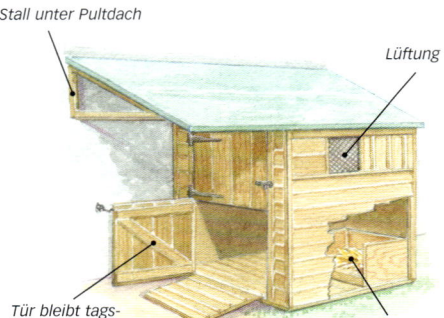

Stall unter Pultdach

Lüftung

Tür bleibt tags-
über offen

Nistkasten

Dieser Stall ist an eine Scheune gebaut.
Die Stalltür erleichtert den Zugang zum Stall,
um ihn gründlich putzen zu können.

Gänse sind gute „Wachhunde" – die beiden auf
dem Foto lassen bestimmt keine Fremden in die
Nähe des Hauses.

● Nahrung

Gänse brauchen Grieß, Eierschalen und ausreichend Wasser. Außerdem mögen sie Küchenabfälle und Grünfutter. Abgesehen davon holen
Gänze sich fast alles, was sie brauchen, beim
Grasen. Wenn Sie die Gänse allerdings mästen
wollen, damit sie mehr Fleisch hergeben oder
mehr Eier legen, sollten Sie dem Futter Kleie
und Hafer beimischen.

Der Wassertrog für die Gänse muss
so tief sein, dass sie den ganzen Kopf
untertauchen können.

● Pflegeroutine

Gänse – anders als Hühner und Enten – sind im
Grunde zufrieden, wenn sie einfach nur grasen
können, aber sie fressen auch genauso gerne
Küchen- und Gartenabfälle. Sie können das
Futter einfach hinwerfen und die Gänse bedie-
nen sich selbst. Da Gänse aber unglaublich viel
Schmutz und Unordnung machen, sollten Sie
das Futter möglichst weit weg vom Wohnhaus
geben. Wenn Sie die Gänse selbst füttern, ver-
gessen Sie nicht, dass diese netten Haustiere
sehr groß sind und durchaus aggressiv sein
können. Der Stall muss regelmäßig gesäubert
werden und Sie müssen dafür sorgen, dass
immer ausreichend Wasser, Grieß und Eierschalen vorhanden sind. Sie sollten die Vögel
jeden Tag routinemäßig untersuchen: wie sie
stehen, ob ein Tier humpelt, wie das Federkleid
beschaffen ist oder ob es sonst etwas Unge-
wöhnliches gibt, das auf ein ernsthaftes Problem hinweisen könnte.

● Schlachten

Wie auch bei Hühnern und Enten sollten Sie
sich vor dem ersten Schlachten einer Gans mit
einem Fachmann in Verbindung setzen und
sich beraten lassen.

Problemlösungen

Problem	Mögliche Ursachen	Mögliche Abhilfe
Gewichtsverlust; ein oder mehrere Vögel sehen kraftlos aus; der Kot ist dünn und wässrig.	Wenn nur eine Gans diese Symptome aufweist, handelt es sich wahrscheinlich um eine Verletzung oder Vergiftung; wenn es mehrere Vögel betrifft, kann es sich um eine ganze Reihe von Krankheiten handeln.	Wenn nur eine Gans betroffen ist, isolieren Sie diese von den anderen und warten ab; wenn viele Vögel die Symptome zeigen, holen Sie den Tierarzt.
Plötzlicher Tod einer Gans	Wenn eine eigentlich gesunde Gans plötzlich stirbt, kann das viele Ursachen haben, z.B. Trauma, Lungenentzündung oder Leukämie.	Beobachten Sie die anderen Gänse genau, um festzustellen, ob sich das Problem ausgebreitet hat. Holen Sie den Tierarzt, wenn Sie Ungewöhnliches bemerken.
Eine oder mehrere Gänse haben wässrige Augen; sie laufen zwar noch umher, sehen aber recht armselig aus.	Es handelt sich wahrscheinlich um eine Erkältung.	Trennen Sie die Gans oder Gänse. Der Käfig/Schuppen/Haus soll nicht feucht oder zugig sein. Waschen Sie das Gesicht mit Desinfektionsmittel. Nach zehn Tagen ohne Besserung holen Sie den Tierarzt.
Ein oder mehrere Gänse fressen normal, verlieren aber Gewicht.	Würmer im Darmtrakt, welche die Tiere vom kontaminierten Boden aufgenommen haben	Geben Sie den Gänsen Medikamente; machen Sie den Stall sauber und verbrennen Sie das Stroh von den Schlafstellen. Wenn möglich, verlagern Sie die Vögel an eine andere Stelle. Trennen Sie die betroffenen Gänse vom Rest und warten Sie ab, was passiert.

Hausziegenhaltung

● Welche Vorteile haben Hausziegen?

Hausziegen sind in der Anschaffung billiger als Kühe und sie geben sehr nährstoffreiche Milch, allerdings nur zwischen 3,5 und 4,5 l am Tag, während eine Milchkuh 14–18 l gibt. Sie fressen praktisch alles – Obstbäume, Rosen, Ihr Gemüse, Wäsche auf der Leine, Kinderspielzeug und ihren eigenen Stall – aber trotzdem passen sie gut in das Konzept der Selbstversorgung.

● Die Wahl einer Rasse

Wie sind die Bedingungen: Wie viel Land steht zur Verfügung, wie sind die Zäune beschaffen, gibt es ausreichend Wasser, welches sind Ihre Hauptbedürfnisse? Ziegenhaltung nimmt viel Zeit in Anspruch. Egal ob unter der Woche, am Wochenende, während der Ferienzeit, egal ob

nass, windig oder heiß – Sie oder Ihre Mitarbeiter müssen immer da sein. Lassen Sie sich von einem Fachmann beraten.

- **Alpenziege:** Sehr beliebte, große Rasse; pechschwarzes Fell mit weißer Zeichnung; gibt gute Milch, ist ruhelos und braucht viel Platz.
- **Anglo-nubische Ziege:** Groß, hellbraun bis schwarz-weiß. Eignet sich besonders, wenn Sie einen großen Milchertrag mit einem hohen Butterfettgehalt wollen.
- **Angoraziege:** Gibt viel Milch und hat ein freundliches Temperament; Angoraziegen werden aber meistens wegen ihrer Wolle gezüchtet (hochqualitative Mohairwolle kann sehr viel Geld einbringen).

- **Saanenziege:** Ein Alleskönner; hat kurzes, weiches Fell. Eignet sich gut, wenn Sie den ganzen Winter über Milch haben wollen.

- **Toggenburgerziege:** Sehr beliebte Rasse; ist bei Neulingen der Ziegenhaltung besonders populär, da sie viel Milch gibt, die Futterkosten aber relativ gering sind; das seidenweiche hellbraune bis weiße Fell ist bei Spinnern sehr beliebt.

● **Nahrung**
- Wenn die Ziegen drinnen gehalten werden, müssen sie immer Wasser, frisches Heu und ein Mineralblock zum Lecken zur Verfügung haben. Außerdem müssen sie jeden Tag Hafer und Mais oder konzentriertes Ziegenfutter bekommen.
- Ziegen, die im Freien gehalten werden, brauchen Buschwerk, in dem sie sich herumtreiben können. Bei kaltem Wetter benötigen sie jeden Tag etwa 5 kg Heu.
- Ziegen, die laktieren, brauchen zusätzlich Hafer und Heu bzw. Spezial-Ziegenfutter.

● **Fortpflanzung**
- Die weibliche Ziege hat mit etwa 18 Monaten die Geschlechtsreife erreicht.
- Sie ist im Herbst fortpflanzungsbereit, wenn die Vulva feucht und rot ist und die Ziege mit dem Schwanz wackelt.
- Die Ziege ist alle 21 Tage etwa drei Tage läufig, bis sie von einem Bock befruchtet wurde.
- Die einfachste Möglichkeit für eine erfolgreiche Fortpflanzung ist, die Ziege zu einem Zuchtbock zu bringen.

● **Der Ziegenstall**
Im Idealfall soll der Ziegenstall sehr solide und wetterfest gebaut sein und ausreichend Platz für die Ziegen und Sie selbst haben. Für vier Ziegen brauchen Sie einen etwa 2,50 x 5 m großen Stall. Damit hat jede Ziege 2,50 x 1,20 m Platz. Bevor Sie den Stall bauen, überlegen Sie sich gut, wie er gestaltet sein muss: genügend Platz für die Ziegen und hoch genug, sodass Sie aufrecht darin stehen können. Sie brauchen einen Wasserhahn, einen Schrank, eine Melkstelle, ein Handwaschbecken usw. Das Freigehege muss von einem etwa 1,50 m hohen Maschendrahtzaun eingezäunt sein. Das Feld darum herum muss mit einem elektrischen Zaun abgesichert sein.

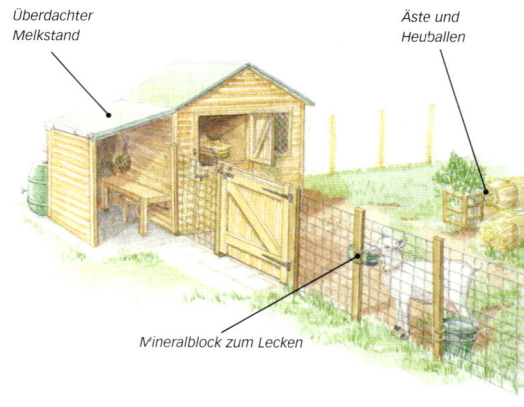

Überdachter Melkstand

Äste und Heuballen

Mineralblock zum Lecken

Ziegenstall mit einem abgesicherten Gehege und einem integrierten Melkstand

- Die Tragzeit beträgt durchschnittlich 150 Tage. Wenn die Ziege so weit ist, schwillt das Euter an und füllt sich mit Milch, die Vulva produziert Ausscheidungen und die Ziege wird unruhig und laut.
- Bei der ersten Ziegengeburt sollten Sie auf jeden Fall jemanden dabeihaben, der Erfahrung mit dem Ziegenzüchten hat.

● Melken

Lassen Sie die Zicklein etwa zwei Wochen bei der Mutter, dann nehmen Sie die Zicklein weg und beginnen mit dem Melken. Manche Ziegenhüter melken zweimal am Tag, andere nur einmal. Wenn nur einmal am Tag gemolken wird, gibt es weniger Milch. Wenn Sie eine Ziege melken wollen, binden Sie das Tier an eine Schnur und führen es zu dem Melkstand. Heben Sie die Ziege auf ein Podest, sodass Sie eine bequeme Arbeitshaltung einnehmen können. Machen Sie die Schnur an einem Haken an der Wand fest, fesseln Sie die Hinterläufe der Ziege und waschen Sie das Euter mit warmem Wasser. Zum Melken legen Sie die Hand um eine Zitze und drücken sanft mit dem Daumen, sodass die Milch im unteren Teil der Zitze unter Druck steht. Ziehen Sie mit sanften Streichbewegungen an der Zitze entlang nach unten, bis die Milch austritt. Schütten Sie das erste bisschen

Stellen Sie die Ziege auf ein Podest und binden Sie das Tier fest, sodass Sie bequem melken können.

Diese nigerianischen Milchziegen tun nichts lieber, als herumzustrolchen und sich ihr Futter selbst zu suchen.

Milch weg. Danach ist die Zitzenöffnung sauber. Lassen Sie den Rest der Milch in den Melkeimer fließen. Machen Sie das nacheinander mit allen Zitzen.

● Häufig gestellte Fragen

- **Wie behandle ich die frische Milch?** Holen Sie die Milch rein und filtern Sie diese durch mehrere Lagen sauberen Baumwollstoff oder Filterpapier. Stellen Sie die Milch in den Kühlschrank und genießen Sie sie kühl.
- **Kann ich die Milch einfrieren?** Ja, gießen Sie die Milch in Gefrierbeutel und geben Sie diese in den Gefrierschrank.
- **Wie schmeckt Ziegenmilch?** Sehr cremig mit einem nussigen Beigeschmack
- **Muss ich jeden Tag melken?** Sie können auch mal einen Tag auslassen, solange die Zicklein noch da sind, um bei der Mutter zu trinken. Manche Leute vertreten allerdings die Meinung, dass man jeden Tag melken sollte.
- **Wie lange hat die Mutterziege Milch?** Es werden sechs bis sieben Monate angestrebt, danach folgen vier Monate Pause.
- **Geben Ziegen Milch, auch wenn sie keine Jungen gehabt haben?** Nein, die Ziege muss getragen haben, um Milch zu produzieren.

Schafhaltung

● Sind Schafe pflegeleicht?

Schafe sind gutmütig und recht einfach zu handhaben. Sie nehmen sogar durch den Verzehr von eher minderwertigem Gras zu und sie geben Fleisch und Wolle. Eine Herde von sechs Mutterschafen ist für den Neuling eine gute Herausforderung und kann sehr lohnend sein. Auf der anderen Seite müssen Sie bereit sein, mit all den Krankheiten, Parasiten, Viren und Infektionen, die Schafe häufig befallen, umzugehen. Und Sie müssen die Kunst des Schafscherens erlernen.

● Die Auswahl einer Rasse

Als Erstes müssen Sie sich wieder genau die Verhältnisse auf Ihrem Grundstück und Boden anschauen und Ihre Ziele festlegen. Wollen Sie das Fleisch nur für den Eigenbedarf oder wollen Sie es auf dem Markt verkaufen? Möchten Sie Wolle herstellen? Oder möchten Sie beides machen? Wollen Sie nach dem traditionellen Jahreszeitensystem arbeiten: Lämmer im Frühjahr, Mästen im Sommer und Schlachten im Winter? Denken Sie darüber nach, seltene Rassen hauptsächlich wegen ihrer Wolle und nicht wegen ihres Fleisches zu züchten?

- **Milchschaf**: Ein weißes, langwolliges Schaf, das ursprünglich aus Ostfriesland stammt. Es ist im gesamten deutschsprachigen Raum und vielen anderen Ländern weit verbreitet. Ist bekannt für seine hervorragende Fruchtbarkeit und kräftige Wolle.
- **Jakobschaf**: Ein mageres, starkes Schaf mit vielfarbigem Fell und hübschen Hörnern. Es wird überwiegend für die Wollproduktion gehalten. Das Vlies eignet sich gut zum Spinnen und Weben. Viele Wollspinner mögen es wegen seiner Beschaffenheit und den vielen Farben besonders gerne.

- **Merinoschaf**: Wird in erster Linie wegen seiner feinen Wolle, die als eine der besten gilt, gezüchtet.
- **Texel**: Ist weltweit eine der wichtigsten Fleisch-Schafrassen. Es hat seine Wurzeln auf der Insel Texel in Holland, ist größtenteils weiß und hat einen verhältnismäßig schmalen Kopf.
- **Suffolk-Schaf**: Groß, stark, kompakt, mit weißem oder schwarzem Kopf. Das Schaf hat ein dichtes, lockiges Fell, aus dem hochqualitative, feinfaserige Wolle gemacht wird. Diese Rasse wird auch wegen ihres Fleisches gezüchtet.

● Der Schafstall

Abgesehen von einer provisorischen Schutzhütte während der Geburt von Lämmern leben Schafe die meiste Zeit im Freien. Eine geeignete Lämmerschutzhütte besteht aus ein paar rechteckigen Strohballen, Wellblech, Pfählen und Seilen. Bauen Sie diese Schutzhütte in die Nähe des Hauses, sodass die Mutterschafe während der Geburt in Ihrer Nähe sind.

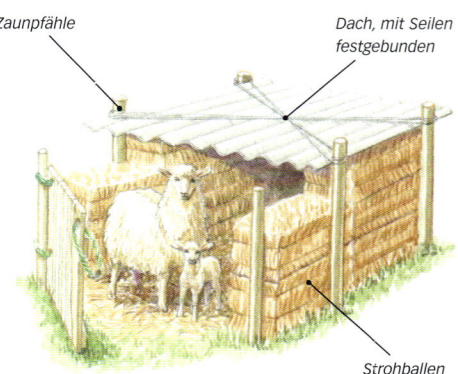

Zaunpfähle

Dach, mit Seilen festgebunden

Strohballen

Bauen Sie während der Lämmerzeit eine provisorische Schutzhütte nahe beim Wohnhaus, sodass Sie bei Wind und schlechtem Wetter nicht so weit gehen müssen.

Schafe mögen Bäume, da diese perfekten Schutz vor Wind und Wetter bieten. Außerdem kratzen sich die Schafe gerne an der Baumrinde.

● Fortpflanzung

- Schafe erreichen ihre Geschlechtsreife im zweiten Lebensjahr.
- Die Brunftzeit der meisten Schafe liegt im Herbst. Die Tragzeit beträgt etwa 21 Wochen und die Lämmer werden im darauffolgenden Frühjahr geboren.
- Wenn das Mutterschaf so weit ist, legt es sich hin und fängt an zu stöhnen und sich zu strecken.
- Die Fruchtwasserblase kommt zuerst, dann die Schnauze und Vorderbeine des Lamms und danach Kopf und Schulter.
- Wenn das Lamm da ist, leckt das Mutterschaf das Gesicht des Lämmchens sauber.
- Das Lamm muss innerhalb von zwei Stunden nach der Geburt mit dem Trinken anfangen.
- Man kann Lämmer auch mit der Flasche aufziehen.
- Wenn Sie zum ersten Mal Schafe halten, holen Sie sich bitte beim Tierarzt oder einem erfahrenen Schäfer Rat und Hilfe, bevor die Lämmer auf die Welt kommen.

Lämmer kann man – wie Babys – mit der Flasche aufziehen. Sie können auch lernen, von einem mechanischen Mutterschaf zu trinken.

Nahrung

- Die meisten Schafe sind Grasschafe, das heißt ihnen genügt auch Weidegras, das von minderwertiger Qualität ist.
- Kurz vor und kurz nach der Geburt brauchen die Mutterschafe Zusatznahrung – Getreide, klein geschnittene Steckrüben oder ein spezielles Konzentrat.
- Um die Lämmer zu mästen, müssen Sie ihnen Steckrüben, Heu und Leinsamen-Kuchen geben.
- Im Winter geben Sie den Mutterschafen Heu und Nahrungszusatzmittel. Je näher die Geburt der Lämmer rückt, desto mehr Zusatznährstoffe brauchen die Mutterschafe.

> **Warnhinweis**
> Einige Schafkrankheiten können sich auf den Menschen übertragen, besonders auf Schwangere und kleine Kinder. Vermeiden Sie daher Kontakt mit den Körperausscheidungen von Mutterschafen und Lämmern.

● Schafschur

Schauen Sie einem Fachmann bei der Arbeit zu. Sie brauchen alte Kleidung, eine Handschere, einen Mitarbeiter, der das Schaf einfängt und festhält, eine Fläche mit hohem Gras und sehr viel Geduld. Heben Sie die Vorderfüße des Schafes hoch, sodass das Tier auf seinem Hinterteil sitzt. Mit einer Hand greifen Sie ein Knäuel Fell, nehmen die Schere in die andere Hand und scheren das Schaf. Fangen Sie am Kopf mit der Schur an, gehen Sie dann über den Hals bis zum Bauch und über die Seiten zum Rücken.

Lassen Sie sich viel Zeit und achten Sie darauf, dass Sie nicht aus Versehen in die Haut schneiden. Es ist schwierig, das Schaf richtig in den Griff zu bekommen. Haben Sie das geschafft, geht der Rest praktisch automatisch. Manche Schafrassen werden nur gezupft. Dabei werden nur die schon fast losen Haare ausgezupft. Diese Methode ist für das Schaf völlig schmerzfrei.

Schlachten

Ein Lamm ist ein sehr niedliches, hübsches Tier, aber die harte Realität ist, dass Sie die Schafe wegen des Lammfleisches züchten, das besonders gut schmeckt. Wenn es Zeit für die Schlachtung ist, lassen Sie sich vom Tierarzt und einer Schlachterei beraten.

Kuhhaltung

Ist der Aufwand es wert?

Wie viel Zeit und Mühe sind Sie bereit, in die Zucht zu investieren? Manche Kühe lassen sich gerne melken; andere können es nicht ausstehen. Kühe brauchen Routine und viel Futter, sie hassen Lärm, plötzliche Bewegungen und unsanftes Melken. Wenn Sie es richtig anstellen, kann das Halten von Kühen allerdings eine dankbare Aufgabe sein. Bevor Sie sich zur Kuhhaltung entschließen, sollten Sie sich sehr gut informieren und sich mit Fachleuten beraten.

Das Shetland-Rind eignet sich gut als Hauskuh, es ist gutmütig und einfach zu melken.

Die Auswahl einer Rasse

Für den Anfänger ist es aus vielerlei Gründen empfehlenswert, eine Kuh zu kaufen, die schon zum zweiten Mal gekalbt hat, denn diese Kuh ist bereits daran gewöhnt, händisch gemolken zu werden. Auf der anderen Seite stehen Sie gleich vor der Herausforderung, eine Mutterkuh mit Kalb versorgen zu müssen. Wenn Sie sich hierfür entscheiden, müssen Sie sich gut vorbereiten und organisieren. Hier sind ein paar bekannte Rinderrassen aufgelistet.

- **Dexter:** klein mit schwarzem oder rotem Fell; kommt immer seltener vor; lässt sich gut melken und bringt einen hohen Milchertrag

- **Holstein-Rind:** groß, mit schwarz-weißem Fell; bringt sehr hohe Milcherträge

- **Jersey:** mittelgroß mit hellbraunem Fell; eignet sich gut als Hauskuh; Milcherträge sind mittelmäßig, aber die Milch ist sehr cremig und reichhaltig; die Kuh hat ein sanftes Naturell; im Winter Stallhaltung erforderlich.

- **Deutsches Fleckvieh:** mittelgroß bis groß; alle Tiere haben einen weißen Kopf, weiße Beine und das restliche Fell kann hellgelb bis dunkelrotbraun mit weißen Flecken sein; guter Milch- und Fleischlieferant.

- **Zucht**

- Ab dem Alter von 24 Monaten sind Kühe geschlechtsreif und können durch einen Stier oder künstlich befruchtet werden.
- Eine Kuh kann nur empfangen, wenn sie läufig ist; dies erkennt man an schleimigen Ausscheidungen und launischem Verhalten.
- Die Tragzeit – also der Zeitraum von der Befruchtung bis zum Kalben – beträgt etwa neun Monate.
- Am besten setzt man die Paarung für den Sommer an, dann werden die Kälber im Frühling geboren.
- Nach etwa sieben Monaten Tragzeit müssen Sie der Kuh zusätzliches Futter geben – Hafer, Heu und eine gute Mischung aus dem, was sonst noch zur Verfügung steht.
- Kurz vor dem Kalben wird das Euter praller und das Hinterteil der Kuh wird lockerer und hängt etwas nach unten.
- Wenn alles gut geht, kommt das Kalb genauso auf die Welt wie eine Ziege oder ein Schaf – die Fruchtblase kommt zuerst, dann Schnauze und Vorderhufe und dann Kopf und Schulter.
- Sobald das Kalb geboren ist, leckt die Mutterkuh es so lange, bis es sich bewegt.
- Im Idealfall kalbt die Kuh ohne Ihre Hilfe.
- Informieren Sie sich gründlich, lesen Sie Fachbücher, sprechen Sie mit anderen Landwirten und legen Sie sich, wenn es so weit ist, alle wichtigen Telefonnummern bereit. Am besten ist es natürlich, wenn der Tierarzt oder ein erfahrener Landwirt dabei ist, um mit Rat und Tat zur Seite zu stehen.

Wenn die Kühe erst einmal auf der Weide sind – weitab von Straßenlärm und Hunden – kann man sie weitgehend sich selbst überlassen.

- **Entwöhnung**

Es gibt verschiedene Möglichkeiten, das Kalb von der Kuh zu entwöhnen. Sie können sich für die Methode entscheiden, die für Ihre persönlichen Umstände am besten geeignet ist.

- Sie können dem Kalb eine Woche lang die gesamte Milch lassen und dann langsam immer weniger geben. Dann müssen Sie ihm gleichzeitig das Trinken aus der Flasche oder aus einem Eimer beibringen.
- Sie können die Mutterkuh gleich melken und dem Kalb eine Mischung aus Milch und Wasser geben.
- Sie können für den ersten Monat das Kalb an zwei Zitzen lassen und die anderen zwei Zitzen selbst melken.
- Sie können das Kalb für eine begrenzte Stundenanzahl am Tag von der Mutter trinken lassen und ihm dann noch ein Milchersatzmittel verabreichen.

Bringen Sie dem Kalb bei, aus einem Eimer zu trinken.

Sie werden das händische Melken mit der Zeit schon in den Griff bekommen.

- **Ist händisches Melken schwer?** Technisch gesehen ist es leicht: Sie nehmen eine Zitze in die Hand, üben mit Daumen und Zeigefinger etwas Druck aus und drücken mit sanften Rollbewegungen die Zitze, bis Milch austritt.
- **Wie viel Heu braucht eine Kuh?** Eine Kuh braucht etwa 1 t Heu im Winter.
- **Wie viel Weidewiese brauche ich?** Etwa einen Hektar – die Hälfte davon als Weide für die Kuh, die andere für die Tonne Heu. Wenn Sie das Heu zukaufen, reicht natürlich ein halber Hektar.
- **Was soll ich mit der überschüssigen Milch machen?** Sie können sie zum Mästen der Kälber verwenden, Butter und Käse herstellen oder Ihre anderen Tiere wie Schweine und Hühner damit füttern.
- **Muss ich zweimal täglich melken?** Ja. Kühe werden in der Regel morgens und abends gemolken, dann ist der Milchertrag höher. Wenn Sie nicht so viel Milch brauchen, reicht aber auch einmal am Tag.
- **Muss ich jeden Tag melken?** Ja, wenn die Kuh laktiert, müssen Sie jeden Tag mindestens einmal melken.
- **Ist die Butterherstellung so kompliziert, wie es sich anhört?** Es ist nicht so schwierig, aber sehr zeitaufwendig.

Schweinehaltung

● **Was sind Absatzferkel?**

Zuerst können Sie sich nach zwei verwaisten Ferkeln umsehen oder zwei acht bis neun Wochen alte Absatzferkel kaufen. Das sind Ferkel, die gerade erst entwöhnt wurden. Die Absatzferkel sind teurer, aber auch gesünder und stellen daher ein kleineres Risiko dar. Zwei Ferkel sind erstens glücklicher und zweitens leichter zu mästen als ein einzelnes Tier. Die Ferkel können zum „Aufräumen" eines alten Obstgartens oder eines überwachsenen Küchengartens eingesetzt werden, bevor Sie diese neu bepflanzen. Zwei heranwachsende Schweine graben und düngen den Gemüseacker, ohne dass Sie sie erst darum bitten müssen.

Ein glückliches Sattelschwein mit einem guten Stall, gutem Futter und viel Platz zum Umherstreifen

● **Die Wahl einer Rasse**

Die älteren, selteneren Rassen eignen sich besser für das Freilandleben. Mehr und mehr Biobauern konzentrieren sich auf die Haltung von diesen Rassen, da sie widerstandsfähiger und selbstständiger sind und das Fleisch oft viel besser schmeckt.

- **Gloucester Old Spot:** Eine seltene englische Rasse; die Tiere sind entweder weiß mit schwarzen Tupfen oder schwarz mit weißen Tupfen; widerstandsfähige, freundliche und wohlwollende Tiere, die sich fürs Freilandleben eignen.

- **Cornwallschwein:** Großes schwarzes Schwein mit den klassischen Hängeohren; es ist gutmütig und ideal fürs Freilandgehege.
- **Sattelschwein:** Eine weidetaugliche, robuste Rasse. Das Schwein hat seinen Namen von der Fellzeichnung: schwarze Grundfarbe, die in der Mitte von einem hellen „Sattel" unterbrochen wird. Dieses Schwein liefert hohe Fleischqualität.

- **Deutsche Landrasse:** In ganz Deutschland verbreitete Rasse mit weißen Borsten auf weißer Haut; begehrtes Fleisch- schwein.

Der Schweinestall

Ein Schweinestall kann aus fast allen Materialien gebaut werden: eine Holzhütte mit einem Wellblechdach, eine provisorische Schutzhütte, die aus Heuballen und Wellblechdach besteht, bis hin zu einem professionell aus Ziegelstein gebauten Stall, der mit Kacheln ausgekleidet ist. Fast alles eignet sich, solange der Stall geräumig, stabil und nah am Boden ist und Sonne, Wind und Regen abhält.

Eine provisorische Schutzhütte aus Heuballen mit einem Wellblechdach eignet sich gut als Schweinestall.

Nahrung

- Schweine brauchen Routine, dann blühen sie richtig auf. Sie müssen regelmäßig gefüttert werden – zwei- bis dreimal am Tag.
- Schweinezüchter bemessen eine Futterportion so: Ein Schwein bekommt so viel, wie es in 20 Minuten fressen kann.
- Schweine müssen immer Wasser haben – mindestens 1 l pro ½ kg Futter.

- Absatzferkel müssen dreimal am Tag ordentlich gefüttert werden, Außerdem fressen sie noch alles, was sie finden können.
- Wenn die Schweine draußen auf der Weide sind, können Sie das zusätzliche Futter mit dem Grasfutter kombinieren. Wenn das Gras von guter Qualität ist, geben Sie nicht so nährstoffhaltiges Zusatzfutter. Wenn das Gras nicht so gut ist, wird mehr Zusatzfutter gegeben.
- Geben Sie den Schweinen in den ersten 16 Wochen normale Futterrationen und fangen Sie dann erst mit dem Mästen an.
- Schweine fressen gerne wild wachsendes Futter wie Eicheln, Edelkastanien, Bucheckern und Holunderbeeren.

Schlachten

Nehmen Sie Kontakt mit Schweinezuchtvereinen oder anderen Fachleuten auf und lassen Sie sich beraten, bevor Sie ein Schwein schlachten.

Häufig gestellte Fragen

- **Soll ich gleich mit der Zucht anfangen?**
  Wenn Sie Anfänger sind, sollten Sie erst einmal mit dem Mästen von zwei Absatzferkeln beginnen. Füttern Sie die Tiere mit überschüssiger Milch, Küchen- und Gartenabfällen. Im Laufe der Zeit, wenn Sie mehr über die Eigenschaften und das Verhalten von Schweinen gelernt haben und auch wissen, wo Ihre eigenen Stärken liegen, können Sie es mit der Zucht versuchen.
- **Warum soll man zwei Schweine halten?**
  Schweine sind gesellige Tiere – sie sind nicht gerne allein. Zwei Schweine schlafen, spielen und tollen auf der Wiese herum. Glückliche Schweine lassen sich auch besser mästen.

Nutztierhaltung 97

- **Kann ich die Schweine in der Scheune halten?** Viele Leute tun das und halten Schweine in Scheunen, Schuppen und speziell angefertigten Schweineställen. Es macht aber wesentlich mehr Spaß – für Sie und für die Tiere – wenn Sie die Schweine im Freien halten. Schweine sind am glücklichsten, wenn sie in der Erde wühlen, zusammen spielen und sich im Matsch suhlen können – eben einfach Schwein sein dürfen.
- **Was für einen Zaun brauche ich?** Die einfachste und wirkungsvollste Methode ist, die bereits vorhandene Einzäunung – ob Zaun, Hecke, Mauer oder Ähnliches – in einen guten Zustand zu bringen und einen modernen elektrischen Zaun innerhalb der Gehegegrenzen anzubringen.
- **Darf ich meine Schweine mit den Fleischresten aus meinem Stammlokal füttern?** Auch wenn es stimmt, dass Schweine fast alles fressen, und auch früher oft die Küchenabfälle der Restaurants bekommen haben, sollten Sie den Schweinen kein Fleisch geben. Brot, Kuchen, Obst und Gemüse, Pommes frites – aber kein Fleisch.

Problemlösungen

Problem	Mögliche Ursachen	Mögliche Abhilfe
Hastiges Atmen, Ruhelosigkeit und Erbrechen	Es kann sich einfach um Hitzschlag/Hitzeschäden handeln; es kann aber auch etwas Ernsthaftes wie Maul- und Klauenseuche sein.	Wenn es offensichtlich ist, dass das Schwein zu lange in der Sonne war und überhitzt ist, besprühen Sie es mit Wasser und geben Sie ihm salzhaltige Flüssigkeit – das heißt, zwingen Sie es zu trinken. Wenn Sie keine Ursachen erkennen, holen Sie den Tierarzt.
Das Schwein frisst nicht, steht nicht auf, atmet schwer und sieht schlecht aus.	Es kann Lungenentzündung sein.	Wenn der Stall feucht, kalt und zugig ist, müssen Sie das Tier woanders unterbringen. Schweine, die drinnen gehalten werden, sind natürlich viel kälteempfindlicher als Freiland-Schweine, die abgehärteter sind.
Das Schwein frisst viel und gierig, nimmt aber nicht zu.	Es handelt sich wahrscheinlich um eine der 40 bis 50 Wurmarten, die Schweine befallen können.	Holen Sie vom Tierarzt ein Wurmbehandlungsmittel und verabreichen Sie dieses regelmäßig; außerdem sollten Sie das Tier auf ein frisches Stück Wiese bewegen.
Appetitverlust, Unruhe, es wird kein Kot produziert	Verstopfung, keine Darmbewegung; eine Blockierung im Darm	Holen Sie sich beim Tierarzt ein Abführmittel, machen Sie das Futter feuchter, geben Sie frisches Stroh auf die Schlafstelle, und wenn es draußen kalt ist, sorgen Sie dafür, dass es im Stall warm ist.
Ein Schwein stirbt plötzlich.	Wenn die Ursache klar erkennbar ist (das Schwein z. B. einen Schnitt am Bein hat), kann es sein, dass es verblutet ist. Wenn keine Ursache erkennbar ist, kann es viele Gründe geben.	Wenn das Schwein plötzlich gestorben ist und Sie keine äußerliche Verletzung feststellen können, bitten Sie den Tierarzt um eine Autopsie. Häufig ist man sogar gesetzlich dazu verpflichtet, die Polizei zu verständigen.
Die Schweine streiten miteinander.	Dies kann zu einem Problem werden, wenn Sie ein einzelnes neues Schwein einführen oder ein Schwein, das viel kleiner ist als die anderen; auch ältere Schweine und Mutterschweine streiten.	Sorgen Sie dafür, dass jedes Schwein ausreichend Platz für sich hat; früher haben Schweinezüchter ihre Tiere mit Anisöl eingesprüht – alte und junge Schweine – damit sie alle gleich riechen.

Bienenzucht

Kann ich in einem kleinen Garten Bienen halten?

Sie können in jedem Garten Bienen züchten, solange Sie sich an ein paar Grundregeln halten. Stellen Sie die Bienenstöcke so auf, dass die Flugbahn der Bienen nicht in der Nähe der Nachbarzäune ist. Bauen Sie um die Bienenstöcke einen Kunststoff-Maschendrahtzaun, der etwa 2,50 m hoch ist; so sind die Bienen gezwungen, erst recht hoch in die Luft zu steigen, bevor sie aus dem Garten fliegen. Damit sollten auch die Nachbarn zufrieden sein, und wenn nicht, müssen Sie sich etwas anderes ausdenken.

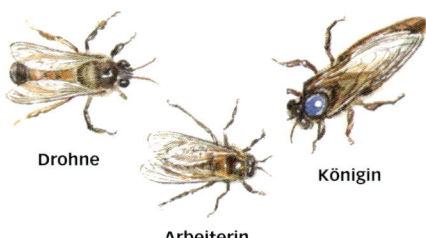

Drohne

Königin

Arbeiterin

Traditionelle Bienenstöcke

Diese können alle möglichen Formen, Strukturen und Größen haben und auch aus den unterschiedlichsten Materialien hergestellt sein. Es gibt viele interessante Bienenstöcke in verschiedenen Ländern und Kulturen, aber für die modernen Magazin-Beuten (moderne Bienenstöcke) eignen sich diese traditionellen Stöcke nicht.

Natürliche Feinde

Mäuse, Ameisen, insektenfressende Vögel, andere Insekten, Wespen und Parasiten können für Bienen zum Problem werden. Gegen die unterschiedlichen Feinde helfen unterschiedliche Methoden: Fallen und Barrieren gegen Mäuse; gegen Ameisen kann man die Holzgestelle der Bienenstöcke in Paraffin stellen; und gegen Vögel helfen Vogelscheuchen.

Der Bienenstock

Der ideale Aufstellungsort

Am besten eignet sich ein sicherer, etwas abgeschiedener und geschützter Ort. Die Stelle muss sich innerhalb eines Radius' von 3 km von einem Obstgarten, einem mit Heidekraut bewachsenen Hügel, Feldern oder blühenden Pflanzen wie Klee oder Raps oder einem Blumengarten befinden – alles Orte, an denen die Bienen ausreichend Nektar sammeln können. Die Bienenstöcke müssen vor Wind und schlechtem Wetter geschützt sein, sollten aber frühe Morgensonne zum Anwärmen bekommen.

Magazin-Beuten

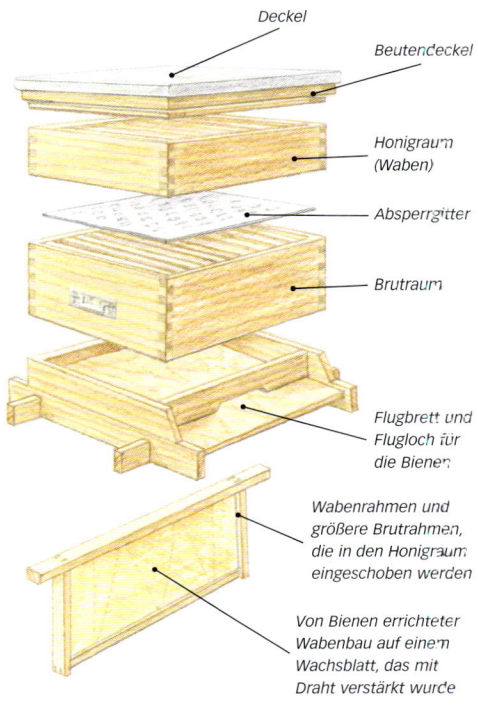

Deckel

Beutendeckel

Honigraum (Waben)

Absperrgitter

Brutraum

Flugbrett und Flugloch für die Bienen

Wabenrahmen und größere Brutrahmen, die in den Honigraum eingeschoben werden

Von Bienen errichteter Wabenbau auf einem Wachsblatt, das mit Draht verstärkt wurde

Eine Magazin-Beute mit international einheitlichem Rahmenmaß, das von dem amerikanischen Imker Langstroth erfunden wurde, eignet sich am besten zur Bienenzucht.

● Glossar zur Bienenzucht

- **Absperrgitter:** Eine Holz- oder Metallplatte mit einer feinen Maschenweite, durch welche die Bienen durchkommen. Es verhindert, dass die größere Königin im Honigraum Eier ablegen kann.
- **Beutenboden:** die Basis der Magazinbeute, die den Beutenraum nach unten abschließt. Dazu gehören auch das Flugbrett und das Flugloch.
- **Bienenabstand:** die Distanz innerhalb des Bienenstocks, die von den Bienen weder mit Bienenwachs noch mit Kittharz abgedichtet wird. Der ideale Abstand beträgt 8 (plus minus 2) mm.
- **Bienenhaus:** Bauwerk, in dem die Imker mehrere Bienenstöcke aufstellen
- **Brutraum:** Der mittlere Teil des Bienenstocks, in dem die Brut aufgezogen wird
- **Gelee Royale:** der Futtersaft, mit dem die Honigbienen ihre Königinnen aufziehen. Er wird in Deutschland nur in kleinen Mengen gewonnen und gilt rechtlich als Lebensmittel.
- **Imkeranzug:** Overall aus Baumwolle mit Hut, Gesichtsschutz, Handschuhen und Gummibändern an Hand- und Fußgelenken und Hals.

- **Magazin-Beute:** Ein moderner Bienenstock, der eine Standardgröße hat. Besteht aus oben und unten offenen Holz- oder Kunststoffkisten.
- **Mittelwand:** gegossene oder gewalzte Platte aus Bienenwachs. Die Zellen entsprechen genau der Größe der natürlich gebauten Bienenwabe. Diese Mittelwände werden in der Imkerei benutzt, um den Wabenbau der Bienen zu beschleunigen und zu ordnen.
- **Wanderblock:** einfaches, bodennahes Holzgestell, auf dem die Magazin-Beuten aufgesetzt sind.
- **Zarge:** Teil der Magazinbeute, der die Waben enthält.
- **Zelle:** sechseckige Zellen des aus Bienenwachs errichteten Wabengebildes.
- **Zuckerfütterung:** Die Imker geben den Bienen Zucker in Form von Sirup; das wird in den Wintermonaten gemacht, wenn es nicht genügend Blüten gibt.

● Honiggewinnung

Früher wurde der Honig gewonnen, indem man die Waben zerdrückt und den Honig herausgesiebt hat. Bei dieser Prozedur wurden natürlich die Wabengebilde zerstört. In der modernen Imkerei werden die Waben samt Rähmchen vom Bienenstock entfernt und die Wachsdeckel auf den Zellen werden mit einem Entdeckungsmesser entfernt. Dann werden die Waben in eine Honigschleuder gegeben. Diese sieht ein bisschen aus wie eine Salat- bzw. Wäscheschleuder. Durch Drehen einer Kurbel wird der Honig mittels Zentrifugalkraft aus den Waben geschleudert und spritzt an die Innenwand der Trommel. Von dort fließt er nach unten aus dem Auslaufhahn über das Honigsieb in einen Auffangbehälter.

Smoker verbrennt Gras oder Lumpen, um die Bienen ruhigzustellen

Stockmeißel, um die Rähmchen zu säubern und zu entfernen

Entdeckungsmesser

Abkehrbesen, um die Bienen von den Waben abzukehren

Sie benötigen nicht sehr viel Ausrüstung. Am besten kaufen Sie sich hochqualitative Werkzeuge.

Ein rundherum geschützter Imker bei der Arbeit. Beachten Sie den Imkeranzug, den Smoker und den Standort der Bienenstöcke.

- **Häufig gestellte Fragen**

- **Was tue ich, wenn ich gegen Bienenstiche allergisch bin?** Früher oder später werden Sie gestochen. Sie müssen also auf jeden Fall vorab einen Allergietest machen lassen – nur für den Fall, dass Sie überempfindlich sind.

- **Kann ich mit dem Verkauf von Honig Geld verdienen?** Die Situation hat sich zum Guten geändert: Die Nachfrage nach Honig, insbesondere nach Biohonig, steigt stetig an. Früher habe ich immer gesagt: Mit etwas Glück trägt sich die Bienenzucht selbst, versorgt einen mit Honig und eventuell etwas Taschengeld. Das ist heute anders: Manche Imker verdienen ganz gut mit dem Verkauf von ihrem Honig – lange Rede, kurzer Sinn, Sie können mit der Bienenzucht Geld verdienen.

- **Wo bekomme ich praktische Ratschläge?** Lesen Sie Fachbücher und wenden Sie sich an den Imkerverband Ihres Landes. Es gibt auch kleine Imker-Ortsverbände, die Ihnen weiterhelfen können. Sie kommen durch die Verbände auch in Kontakt mit anderen Imkern und können sich austauschen bzw. von den erfahreneren Bienenzüchtern lernen.

- **Was für einen Honig werde ich bekommen?** Bienen sammeln den Nektar innerhalb eines Radius' von 3 km um den Bienenstock ein.

Wenn Sie ein paar Tage lang durch die nähere Umgebung gehen und genau beobachten, was dort wächst, und sich Notizen darüber machen, werden Sie schon bald wissen, welche Art von Honig Sie bekommen werden: Klee, Raps oder Lavendel z.B. Ihr örtlicher Imkerverband wird Ihnen dabei auch weiterhelfen können.

- **Nimmt die Bienenzucht viel Zeit in Anspruch?** Das hängt davon ab, was Sie sich zum Ziel gesetzt haben. Sie können entweder zwei lange Tage im Jahr mit der Pflege der Bienenstöcke verbringen und zwischenzeitlich mal eine schnelle Inspektion durchführen, oder Sie können vom Frühling bis in den Spätsommer alle zwei Wochen regelmäßig die Bienenstöcke inspizieren.

- **Wie viele Stöcke soll ich mir anschaffen?** Die Bienenzucht und Honiggewinnung stellt eine große Herausforderung dar, daher sollten Sie sich nicht zu viel vornehmen. Aber ein Stock ist nicht genug, zwei sind besser, drei Bienenstöcke sind ideal. Sie können die Honigproduktion der einzelnen Stöcke miteinander vergleichen. Bienen mögen das Gemeinschaftsleben und sind daher leistungsfähiger, wenn sie andere Bienen um sich haben.

Die Weiterverarbeitung Ihrer Ernte

Lagern von Nahrungsmitteln

● Wie lagere ich Ernteprodukte?

Es gibt viele gute Methoden, um Nahrungsmittel zu konservieren: pökeln, trocknen, räuchern, in Essig einlegen, in Flaschen und Einmachgläser abfüllen, Marmelade und Chutney herstellen. Sie können Wurzelgemüse unter Stroh und Erde lagern. Obstsorten wie z.B. Äpfel lassen sich in einem dunklen, trockenen, gut belüfteten Schrank aufbewahren. Eier kann man in Essig einlegen. Sie können natürlich auch die teurere, weniger umweltfreundliche Methode des Einfrierens nutzen. Man kann wirklich fast alles einfrieren.

● Gesundheitliche Bedenken

Sie können Fisch und Fleisch räuchern, pökeln und trocknen, aber Sie müssen bedenken, dass Fleisch und Fisch für mehr Lebensmittelvergiftungen verantwortlich sind als alle anderen Lebensmittel. Wenn Ihnen das Räuchern von Fisch und Fleisch nicht ganz geheuer ist, versuchen Sie doch erst einmal Käse zu räuchern, und wenden Sie sich dem Räuchern von Fleisch und Fisch erst dann zu, wenn Sie die Technik perfektioniert haben.

Nahrungsmittel, die oft konserviert werden

- **Marmelade:** ist einfach herzustellen (s. S. 108–111) und das Ergebnis ist fantastisch.
- **Getrocknete Pilze:** Pilze zu trocknen ist kinderleicht und billig.
- **Käse und Butter:** eine traditionelle Methode, überschüssige Milchvorräte zu verarbeiten.
- **Chutney:** schmeckt lecker mit Brot und Käse, Salat und in Currys.
- **Eingelegtes Gemüse:** Kleine Zwiebeln, Rote Bete, Nüsse und Knoblauch kann man gut in Essig einlegen.
- **Äpfel:** in Zeitungspapier wickeln und an einem dunklen Ort lagern.
- **Eier:** Wenn die Eier frisch von der Henne kommen, halten sie zwei bis drei Monate, wenn man sie in Zeitungspapier wickelt und an einem dunklen, kühlen Ort lagert.
- **Gepökelte Stangenbohnen:** Geben Sie frische Stangenbohnen schichtweise mit Salz in ein Einmachglas.
- **Apfelmus:** Schälen und schneiden Sie die Äpfel in Scheiben, kochen Sie diese zu Mus und füllen Sie das Mus in saubere Einmachgläser ab.

Eingelegtes Gemüse – eine einfache und altbewährte Methode der Konservierung

Wurzelgemüse lagern

Wurzelgemüse wie Kartoffeln, Karotten, Rüben und Rote Bete lagert man am besten in der auf der Abbildung beschriebenen, natürlichen Konstruktion. Für diese Methode müssen Sie eine gut entwässerte Stelle in Ihrem Garten haben.

Häufen Sie die Kartoffeln usw. auf eine Lage mit trockenem Stroh, unter der sich eine Schicht Sand befindet. Bedecken Sie die Kartoffeln mit einer weiteren Strohschicht und geben Sie dann etwa 20 cm trockene Erde darüber.

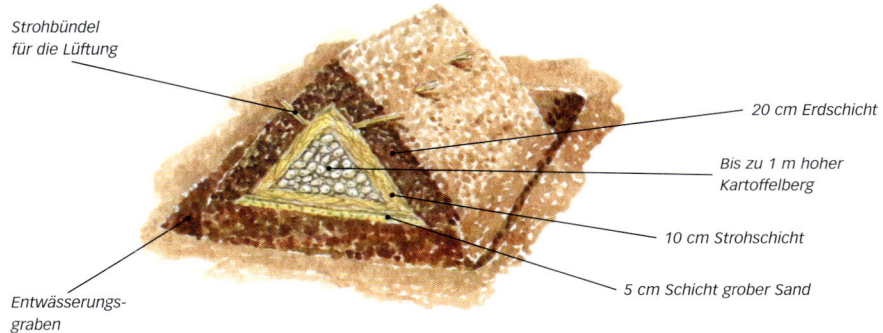

Strohbündel
für die Lüftung

20 cm Erdschicht

Bis zu 1 m hoher
Kartoffelberg

10 cm Strohschicht

5 cm Schicht grober Sand

Entwässerungs-
graben

Ein gut gebautes Kartoffellager mit Abflussgraben, Strohdämmung und Lüftungslöchern

Äpfel lagern

Knackig frische Äpfel kann man ohne großen Aufwand lagern. Verlesen Sie die Äpfel sorgfältig einzeln mit der Hand: Die Äpfel dürfen keine Wurmlöcher haben. Wickeln Sie die Früchte in trockenes Zeitungspapier und schichten Sie

diese dann in Kisten. Die Kisten werden in Regalen in einem kühlen Raum gelagert. Sie können die Äpfel auch in aufeinander-geschichteten Holzkisten lagern. Die Äpfel müssen an einem kühlen, trockenen, dunklen und frostfreien Ort eingelagert werden.

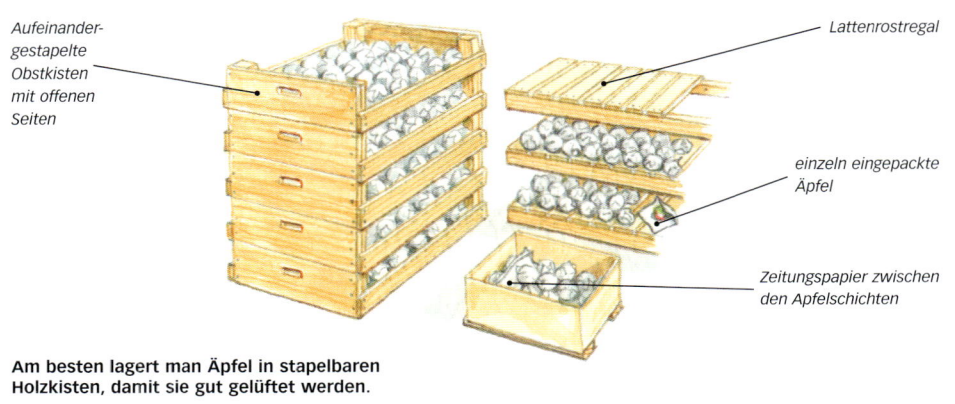

Aufeinander-
gestapelte
Obstkisten
mit offenen
Seiten

Lattenrostregal

einzeln eingepackte
Äpfel

Zeitungspapier zwischen
den Apfelschichten

Am besten lagert man Äpfel in stapelbaren Holzkisten, damit sie gut gelüftet werden.

Kohlgemüse lagern

Entfernen Sie vom frisch gepflückten Weiß-
kohl die braunen Blätter, geben Sie die
Kohlköpfe in Netze und hängen Sie diese
an einem kühlen, dunklen, trockenen und
frostfreien Ort auf.

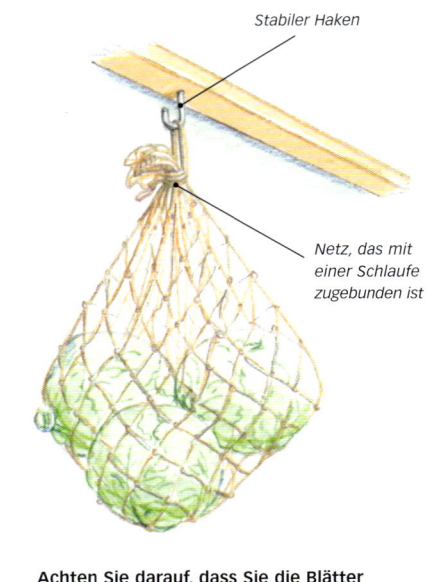

Stabiler Haken

*Netz, das mit
einer Schlaufe
zugebunden ist*

**Achten Sie darauf, dass Sie die Blätter
nicht beschädigen, und machen Sie die
Netze nicht zu voll.**

Zwiebeln lagern

Zwiebeln kann man an einem kühlen,
dunklen und gut belüfteten Ort aufhängen
und trockren. Nehmen Sie zwei gleich
lange Stücke Bindfaden und verknoten
Sie diese an beiden Enden, sodass Sie
einen doppelten Bindfaden erhalten.
Befestigen Sie an einem Ende ein Gewicht
und hängen Sie die Bindfäden an die
Decke. Der doppelte Bindfaden ist jetzt
gespannt. Nehmen Sie die gut angetrock-
neten Zwiebeln und stecken Sie diese
einzeln mit dem trockenen Stiel zwischen
die Bindfäden – fangen Sie unten an.

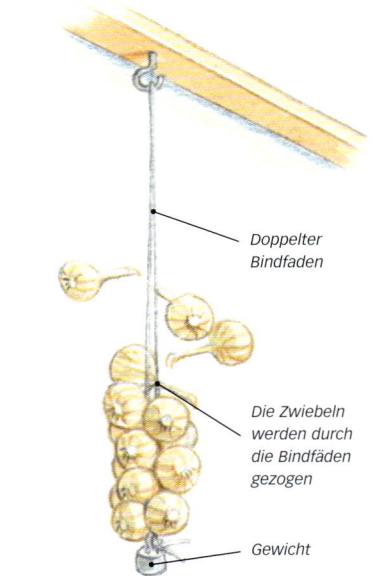

*Doppelter
Bindfaden*

*Die Zwiebeln
werden durch
die Bindfäden
gezogen*

Gewicht

**Manche Leute verwenden einen Dreifach-
Bindfaden; andere flechten das Ganze zu
einem Zopf.**

Kräuter lagern

Die einfachste Konservierungsme-
thode für Kräuter ist das Trocknen.
Nehmen Sie einen Bund Kräuter,
stecken Sie das obere Ende in eine
Papiertüte, binden Sie die Tüte
locker um die Stiele und hängen
Sie diese Kräutertüte an einem
warmen, trockenen Ort auf. Wenn
die Kräuter kross und richtig trocken sind, zerdrücken Sie diese
so, dass die Kräuter direkt in der
Papiertüte landen. Weitere Tipps
zum Kräutertrocknen finden Sie
auf Seite 77.

Bambusstock

**Verwenden Sie Papiertüten (keine Plastik-
tüten) zum Trocknen von Kräutern.**

Kürbisse lagern

Kürbisse kann man recht einfach lagern. Ernten Sie die Kürbisse, wenn sie trocken sind;
die Kürbisse müssen außerdem
makellos sein. Stecken Sie die
Kürbisse vorsichtig in Netze
und hängen Sie diese an einem
kühlen, trockenen, dunklen und
frostfreien Ort auf.

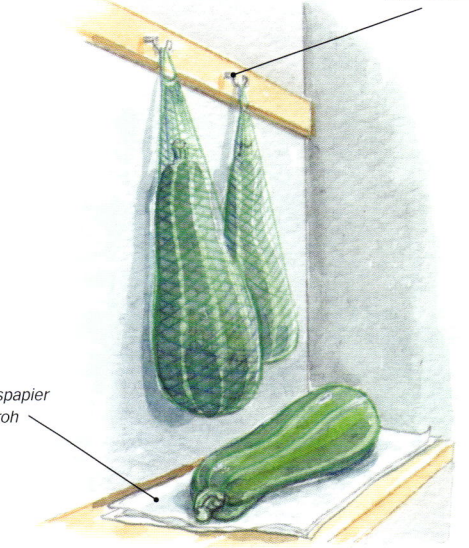

*Haken an Wand
oder Decke*

*Zeitungspapier
oder Stroh*

**Überprüfen Sie regelmäßig,
ob die Kürbisse noch fest sind.**

Die Weiterverarbeitung Ihrer Ernte 107

Marmelade einkochen

● **Lohnt es sich, Marmelade selbst zu machen?**

Marmelade herzustellen ist eine gute Methode, um überschüssiges Obst zu konservieren. Sie haben zwar ein paar Ausgaben für den Einkochtopf, für Zucker und Strom, aber Kosten und Mühe sind es ganz bestimmt wert, wenn Sie dafür ein ganzes Regal voll selbst gemachter Marmelade erhalten. Es gibt einfach nichts Besseres als selbst gemachte Marmelade, außerdem können Sie die Köstlichkeiten auch verschenken. Aber wir warnen Sie: Wenn Ihre Kinder, Familienmitglieder und Freunde erst einmal auf den Geschmack der selbst gemachten Marmelade gekommen sind, haben Sie eine Beschäftigung für den Rest Ihres Lebens.

Für perfekte Marmelade pflücken Sie nur feste, reife Früchte.

● **Zutaten**

Traditionell wird Marmelade aus drei Zutaten hergestellt: frisches Obst, Zucker von guter Qualität und Wasser. Das Obst wird bei schwacher Hitze mit Wasser gekocht, bis das natürliche Pektin und die Säuren entzogen worden sind. Zucker wird hinzugegeben und die ganze Mischung wird bei schwacher Hitze so lange gekocht, bis der magische Moment eintritt, an dem die Flüssigkeit plötzlich fest und zur Marmelade wird. Die Marmelade wird dann in Gläser abgefüllt, die Gläser werden luftdicht verschlossen und die Marmelade kühlt ab. Eine gute Marmelade hat eine gleichmäßig feste Konsistenz, eine brillante Farbe und schmeckt genau nach dem Obst, aus dem sie gemacht ist. Die Gläser werden bis zum Rand hin gefüllt und die Deckel müssen luftdicht schließen. So hält sich die Marmelade, ohne an Geschmack zu verlieren. Wenn Sie noch nie selbst gemachte Marmelade gekostet haben, werden Sie absolut begeistert sein.

● **Ein paar Grundregeln für die Herstellung von Marmelade**

1. Das frische Obst pflücken und verlesen (Menge je nach Rezept). Obst vorsichtig waschen, Stiele, Steine bzw. Kerne entfernen; wenn nötig, das Obst schälen. Faules und matschiges Obst auf den Komposthaufen werfen. Das vorbereitete Obst abwiegen.
2. Einen Topf mit Butter oder Margarine einfetten; das reduziert die Bildung von Zuckerschaum.
3. Das abgewogene Obst und die entsprechende Menge Wasser in den Topf geben.
4. Das Ganze zum Kochen bringen und die Mischung bei schwacher Hitze so lange kochen lassen, bis das Obst weich ist.
5. Die Einmachgläser im Ofen bei 150° C 15 Minuten sterilisieren.
6. Nach und nach den Zucker zu den Früchten streuen, dabei ständig umrühren. Das Ganze so lange unter ständigem Rühren kochen lassen, bis die Marmelade Blasen wirft.
7. Um die Marmelade zu prüfen, einen Teelöffel davon auf einen kalten Teller geben und eine halbe Minute abkühlen lassen. Mit dem Fingernagel ganz leicht den Klecks berühren: Wenn sich kleine Falten bilden, ist die Marmelade fertig und kann abgefüllt werden.

8. Wenn die Marmelade fertig ist, den Herd abstellen, die Gläser (sauber, trocken und angewärmt) auf eine hölzerne Oberfläche stellen und mit Trichter und Schöpfkelle oder einer Tasse die Marmelade in die Einmachgläser füllen.

9. Wenn die Marmelade abgefüllt ist, die Wachspapierscheiben mit der gewachsten Seite nach unten auf die Marmelade legen und die Gläser gut verschließen. Gläser mit Etiketten und Datum versehen und in einem kühlen, dunklen, trockenen und frostfreien Schrank lagern.

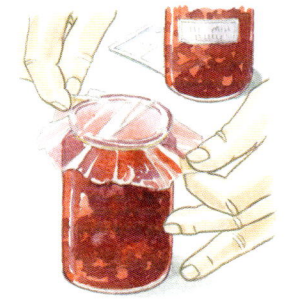

Abdeckung

● **Grundausstattung für die Herstellung von Marmelade**

Die hier gezeigte Ausstattung eignet sich für das Einkochen von Marmelade, für die nur frisches Obst, Zucker und Wasser verwendet werden. Obst und Wasser werden in dem Einmachtopf gekocht, der Zucker wird hinzugegeben und unter ständigem Rühren mit einem Holzlöffel wird die Marmelade gekocht. Mit einer Schöpfkelle oder einer Tasse wird die Marmelade mithilfe eines Trichters in die Einmachgläser gefüllt und diese werden mit Plastikfolie versiegelt. Natürlich brauchen Sie eine gut ausgestattete Küche mit Tellern, Holzbrettern, Messern usw.

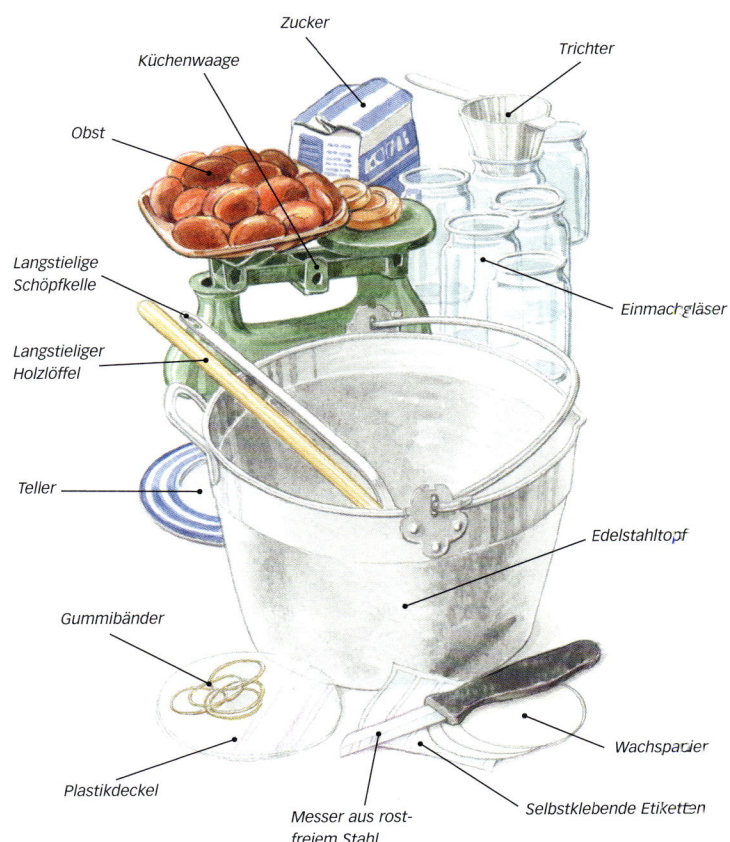

Zucker

Küchenwaage

Trichter

Obst

Langstielige Schöpfkelle

Einmachgläser

Langstieliger Holzlöffel

Teller

Edelstahltopf

Gummibänder

Plastikdeckel

Messer aus rostfreiem Stahl

Selbstklebende Etiketten

Wachspapier

Wichtige Tipps

- **Sicherheit und Gesundheitsschutz:**
Heiße Marmelade ist gefährlich. Sie müssen aufpassen, dass Sie sich auf keinen Fall die Hände verbrennen. Ziehen Sie eine große Schürze an und tragen Sie feste Schuhe, keine Sandalen oder Flip-Flops. Sorgen Sie dafür, dass Kinder sich nicht in der Nähe des heißen Topfs aufhalten. Vermeiden Sie Unfälle, indem Sie Kinder über die Gefahren aufklären und sicherstellen, dass sie dem heißen Topf niemals zunahekommen.
- **Deckel und Versiegelung:** Ohne Deckel und luftdichte Versiegelung würde die Marmelade schon bald schlecht werden. Sie können eine Komplettausstattung kaufen, die aus Zellofan oder anderem Plastik, Wachspapierscheiben und Gummibändern besteht. Die Wachsscheiben werden auf die heiße Marmelade gelegt, die Plastikscheiben werden angefeuchtet, über die Gläser gespannt und mit Gummibändern festgemacht. Das Plastik wird so fest gespannt, dass es stramm wie eine Trommel ist.
- **Pektin:** Das Pektin ist für das Gelieren der Marmelade entscheidend – ohne Pektin würde das nicht passieren. Festes, reifes Obst hat einen hohen Pektingehalt, überreifes, matschiges Obst enthält weniger Pektin. Deshalb ist es so wichtig, dass Sie nur feste, reife Früchte für die Herstellung von Marmelade verwenden. Wenn Sie Obst mit einem niedrigen Pektingehalt oder überreifes Obst verwenden wollen, können Sie durch Hinzufügen von Zitronensaft den Pektingehalt erhöhen.
- **Wie viel Wasser?** Wenn Sie zu wenig Wasser dazugeben, wird das Obst nicht weich und das Pektin wird nicht freigesetzt; außerdem kann das Obst anbrennen. Bei der Verwendung von zu viel Wasser geliert die Marmelade nicht und wird nicht fest.

Auf jeden Fall ist es immer besser, zu viel als zu wenig Wasser zu verwenden; Sie können die Früchte so lange kochen, bis das überschüssige Wasser verdampft ist. Näheres zur richtigen Wassermenge finden Sie bei den Rezepten.

Selbst gemachte Marmelade

Apfel-Zwetschgen-Marmelade

Eine sehr gute, geschmacksintensive, traditionelle Marmelade. Wenn Sie anstatt der Zwetschgen Pflaumen verwenden wollen, nehmen Sie entweder purpurfarbene oder blaue Pflaumen, z.B. Königin Viktoria, und geben Sie Zitronensaft hinzu.

Zutaten:
- 900 g Kochäpfel
- 900 g Zwetschgen
- 570 ml Wasser
- 1,8 kg Zucker

Zubereitung:
1. Die Äpfel schälen, entkernen und in Scheiben schneiden. Apfelscheiben in eine Schüssel mit Wasser geben, damit sie nicht braun werden. Wenn die Zwetschgen fertig vorbereitet sind, Äpfel abgießen und abwiegen.
2. Zwetschgen waschen, halbieren, entsteinen und abwiegen.
3. Das Obst mit dem Wasser in den Einmachtopf geben und bei schwacher Hitze kochen, bis das Obst weich ist.
4. Zucker hinzufügen und die Marmelade bei schwacher Hitze kochen lassen, bis sie geliert.

Apfel-Brombeer-Marmelade

Ein traditionelles Rezept zum Verarbeiten der herbstlichen Apfelschwemme. Wenn Sie die Brombeerkerne nicht mögen, kochen Sie die Beeren getrennt und geben sie durch ein Sieb, bevor Sie die Äpfel hinzufügen.

Zutaten:
- 450 g Kochäpfel
- 1,5 kg Brombeeren
- 285 ml Wasser
- 1,8 kg Zucker

Zubereitung:
1. Äpfel schälen, entkernen und in Scheiben schneiden. Die Apfelscheiben in eine Schüssel mit Wasser geben, damit sie nicht braun werden. Wenn die Brombeeren fertig vorbereitet sind, die Äpfel abgießen und abwiegen.
2. Brombeeren waschen, Stiele entfernen und Beeren abwiegen.
3. Obst und Wasser in den Einmachtopf geben und bei schwacher Hitze kochen, bis das Obst weich ist.
4. Zucker hinzufügen und die Marmelade kochen lassen, bis sie geliert.

Erdbeermarmelade

Ein absoluter Klassiker, um den Geschmack von Erdbeeren auch im Winter auf den Tisch zu bekommen, ist die selbst gemachte Erdbeermarmelade.

Zutaten:
- 500 g aromatische Erdbeeren
- 500 g Gelierzucker
- 2 Vanilleschoten

Zubereitung:
1. Die gewaschenen und geputzten Erdbeeren mit dem Mixer zerkleinern.
2. Die Erdbeeren mit dem Gelierzucker in einem Topf mischen und etwa fünf Minuten kochen lassen. Dabei öfter umrühren, damit die Masse nicht anbrennt.
3. Die Vanilleschoten der Länge nach aufschneiden, das Mark herauskratzen und unter die Erdbeermasse rühren.

Frische, selbst gemachte Brombeer-Marmelade

Selbst gemachtes Chutney

• Was ist so besonders an Chutney?

Chutney kann man schnell, einfach und preiswert selbst machen, und es ist eine gute Methode, um überschüssiges Obst und Gemüse zu konservieren. Wenn Sie eine Zwiebel- und Kochapfelschwemme haben, können Sie die Zwiebeln in Essig einlegen und die Äpfel zu Mus kochen. Aber ein Chutney aus beidem ist auch ganz einfach herzustellen und schmeckt köstlich zu vielen Gerichten. Selbst gemachtes Chutney passt außerdem perfekt zu Brot und Käse.

Die Grundzutaten können Sie nach Geschmack variieren.

• So passen Sie die Rezepte Ihrem Geschmack an

Sie brauchen Obst und Gemüse, Zucker, Gewürze und Essig. Geben Sie alles in einen Topf, bringen Sie die Mischung zum Kochen und lassen Sie das Chutney bei schwacher Hitze köcheln, bis es eindickt – fertig ist das Chutney! Lassen Sie Ihrer Kreativität freien Lauf, und wenn Ihnen eine Zutat nicht schmeckt oder Sie einen Überschuss von einem Obst oder Gemüse haben, können Sie die Rezepte entsprechend abändern. Wenn Sie z. B. ein klassisches Rezept für Tomaten-Apfel-Zwiebel-Chutney vorliegen haben, aber die Rosinen darin nicht mögen, verwenden Sie einfach mehr Zwiebeln und Tomaten und lassen

die Rosinen weg. Wenn es zu flüssig geworden ist, geben Sie mehr Zucker dazu und garen es länger, bis es fester wird. Wenn es zu fest ist, können Sie einfach etwas mehr Essig dazugeben.

• Ein paar Grundregeln für die Zubereitung von Chutney

1. Alle Zutaten bereitstellen und vorbereiten: Äpfel waschen, schälen und entkernen, Zwiebeln schälen, Pflaumensteine usw. entfernen. Alle Zutaten müssen sauber sein und dürfen keine Stiele, Kerne und Kerngehäuse mehr haben.
2. Zutaten zerkleinern – grob oder feiner, ganz nach Geschmack – und mit den Gewürzen in einen Topf geben.
3. So viel Essig hinzugeben, bis die Mischung bedeckt ist.
4. Das Chutney erhitzen und ein bis vier Stunden (je nach Zutaten) bei schwacher Hitze kochen, bis alle Zutaten weich sind.
5. Den Zucker in etwas Essig auflösen und der Mischung hinzufügen.
6. Die Einmachgläser spülen, trocknen und in den Ofen stellen. Ofen langsam erwärmen, bis die Gläser so heiß sind, dass Sie diese nicht mehr anfassen können.
7. Das Chutney unter ständigem Rühren so lange bei schwacher Hitze kochen lassen, bis die Mischung eindickt. Wenn das Chutney die im Rezept beschriebene Konsistenz hat, den Herd ausschalten und die Gläser auf eine hölzerne Oberfläche oder Zeitungspapier stellen.
8. Mit einer Karaffe oder Schöpfkelle und einem Trichter die Gläser bis fast unter den Rand mit dem Chutney füllen. Gläser zumachen und an einem kühlen, dunklen Ort lagern.

Grundausstattung für die Zubereitung von Chutney

Abgesehen von einer Grundausstattung, wie sie in den meisten Küchen vorhanden ist, brauchen Sie: eine relativ große Küchenwaage, einen großen Edelstahltopf, einen Becher, eine Karaffe oder Schöpfkelle, einen Trichter und viele Einmachgläser mit Deckel. Wenn Sie viel Platz, eine große Arbeitsfläche und viele Teller und Schüsseln haben, erleichtert das die Chutneyproduktion enorm.

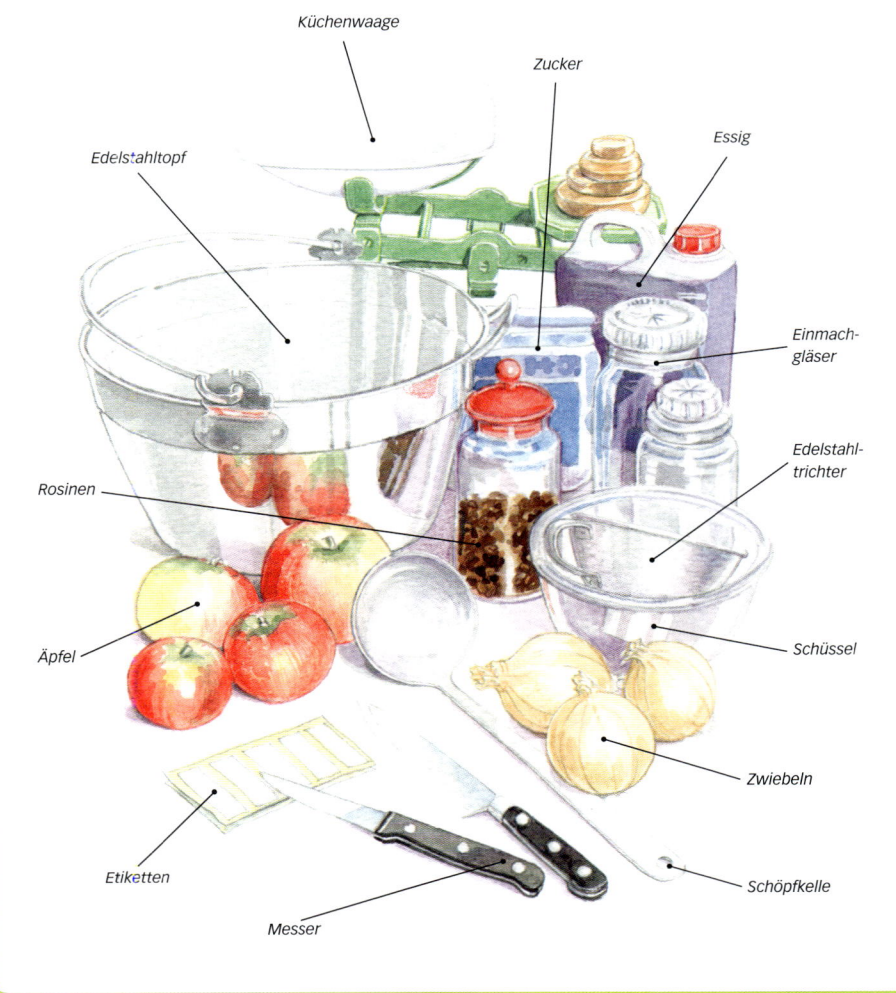

Küchenwaage

Zucker

Essig

Edelstahltopf

Einmachgläser

Edelstahltrichter

Rosinen

Äpfel

Schüssel

Zwiebeln

Etiketten

Schöpfkelle

Messer

Wichtige Tipps

- **Heiß und gefährlich:** Es ist immer schön, wenn die Kinder zuschauen und etwas lernen wollen. Sorgen Sie aber dafür, dass sie nicht zu nah am Herd und der Arbeitsfläche sitzen, wo das heiße Chutney gekocht und umgefüllt wird. Tragen Sie feste Schuhe – laufen Sie nicht barfuß oder in Sandalen – für den Fall, dass Sie aus Versehen heißes Chutney verschütten.
- **Ausgewogenes Verhältnis der Zutaten:** Sie können die Zutaten je nach Geschmack abändern; die Essig- und Zuckermenge sollte jedoch mehr oder weniger unverändert bleiben.
- **Warme Arbeitsfläche:** Aus Sicherheitsgründen sollte die Arbeitsfläche, auf der Sie die Gläser befüllen, warm sein. Wenn Sie die Gläser beispielsweise auf kalte Kacheln stellen, besteht die Gefahr, dass die Gläser rutschen oder durch den Temperaturschock Risse bekommen.

Wenn das Chutney zu dünnflüssig ist

Wenn Ihr Chutney am Ende doch zu flüssig geworden ist, haben Sie entweder zu viel Essig hinzugegeben, oder den Zucker und/oder das Gemüse und Obst falsch abgewogen. Kochen Sie die Mischung unter ständigem Rühren so lange bei schwacher Hitze weiter, bis sie eingedickt ist.

Wenn das Chutney zu dickflüssig ist

Wenn das Chutney zu dickflüssig und sirupartig ist, haben Sie zu viel Zucker und/oder nicht genügend Essig hinzugegeben. Vielleicht hat der Zucker auch schon angefangen zu karamellisieren. Geben Sie nach und nach Wasser hinzu und lassen Sie das Chutney bei schwacher Hitze unter ständigem Rühren kochen. Passen Sie auf, dass es nicht anbrennt.

Schälchen mit verschiedenen selbst gemachten Chutneys

Rezepte für Chutneys

Apfel-Zwiebel-Chutney

Mit diesem Rezept kann man einen Apfel- und Zwiebelüberschuss gut verwerten. Das Chutney kann auch leicht zu einer Soße abgewandelt werden: dafür die Zutaten in einen Mixer geben, 3 EL Butter hinzufügen und weniger Essig verwenden.

Zutaten:
- 1,8 kg Kochäpfel
- 900 g Zwiebeln
- 1 TL Salz
- 1 TL Senf
- 1 TL gemahlener Ingwer
- 1 TL Cayennepfeffer
- 1,7 l Essig
- 1,3 kg brauner Zucker

Zubereitung:
1. Die Äpfel schälen, entkernen und klein schneiden. In eine Schüssel mit Wasser geben, damit sie nicht braun werden. Wenn die Zwiebeln fertig vorbereitet sind, die Apfelstücke abgießen und abwiegen.
2. Die Zwiebeln schälen, klein schneiden und abwiegen.
3. Alle Zutaten außer dem Zucker und einem Teil des Essigs in einem Topf bei schwacher Hitze kochen, bis die Äpfel und Zwiebeln weich sind.
4. Den Zucker in dem restlichen Essig auflösen und zu der Mischung geben.
5. Ohne Deckel unter ständigem Rühren köcheln lassen, bis die Mischung die Konsistenz von Marmelade hat.
6. In Einmachgläser füllen und luftdicht verschließen.

Grüne-Tomaten-Chutney

Ein traditionelles Rezept für ein geschmacksintensives Landhaus-Chutney und eine tolle Möglichkeit, unreife Tomaten zu verarbeiten. Sie können die Tomaten entweder grob in Würfel schneiden oder in einen Mixer geben – je nachdem, wie Sie Ihr Chutney lieber mögen.

Zutaten:
- 450 g Kochäpfel
- 1,8 kg grüne Tomaten
- 450 g Zwiebeln
- 225 g Sultaninen
- 570 ml Essig
- 1 TL Salz
- 1 TL Senf
- 1 TL frisch geriebener Ingwer
- 1 TL Cayennepfeffer
- 450 g brauner Zucker

Zubereitung:
1. Die Äpfel schälen, entkernen und klein schneiden. Danach in eine Schüssel mit Wasser geben, damit sie nicht braun werden. Wenn die Tomaten und Zwiebeln vorbereitet sind, Apfelstücke abgießen und abwiegen.
2. Tomaten waschen, vom Stielansatz befreien, klein schneiden und abwiegen.
3. Zwiebeln schälen und klein schneiden.
4. Alles außer dem Zucker und einem Teil des Essigs in einem Topf, bei schwacher Hitze kochen lassen, bis das Obst und Gemüse weich ist.
5. Den Zucker in dem restlichen Essig auflösen und zu der Mischung geben.
6. Ohne Deckel unter ständigem Rühren weiterköcheln lassen, bis das Chutney die Konsistenz von dickflüssiger Marmelade hat.
7. In Einmachgläser abfüllen und luftdicht verschließen.

Die Weiterverarbeitung Ihrer Ernte 115

Konservieren durch Trocknen

Was bringt das Trocknen?

In den Küchen unserer Großeltern waren vom Herbst bis in den Frühling die Decken behängt mit Zwiebelsträngen, Apfelringketten, Kräuterbündeln, Käse, Fisch, Obst, Fleisch und Gemüse – alles hing dort zum Trocknen von der Küchendecke. Das ist eine ausgezeichnete Methode, bestimmte Nahrungsmittel zu konservieren, um sie dann in den mageren Wintermonaten zu verwenden. Zwiebeln, Knoblauch, Kräuter und Pilze lassen sich besonders einfach trocknen.

Gesundheitsrisiken

Wenn Sie beim Trocknen von Kräutern oder Zwiebeln etwas falsch machen, bekommen Sie schlimmstenfalls einen scheußlichen Geschmack im Mund. Beim Trocknen von Fisch und Fleisch liegt die Sache schon anders: Wenn Sie hierbei etwas falsch machen, kann es sein, dass Sie im Krankenhaus landen. Wenn Sie Fisch und Fleisch trocknen wollen – und das kann eine sehr spannende und interessante Erfahrung sein – lassen Sie sich von einem Fachmann ausführlich beraten.

Beliebte Nahrungsmittel zum Trocknen

- **Äpfel:** sehr einfach und unkompliziert; die „ledrigen" Scheiben eignen sich gut als Zwischenmahlzeit.
- **Bananen:** kommt Ihnen vielleicht komisch vor, aber getrocknete Bananen schmecken sehr gut, und das Trocknen ist eine gute Möglichkeit, um günstige Bananen zu verwerten.
- **Kräuter:** ganz einfach zu trocknen und vielseitig zum Würzen einsetzbar.
- **Pilze:** einfach und unkompliziert; getrocknete Pilze sind ungefährlich; sie eignen sich besonders gut für Eintöpfe.
- **Nüsse:** wild wachsende Nüsse wie Esskastanien und Haselnüsse kann man einfach aufsammeln und zum Trocknen ausbreiten.
- **Zwiebeln:** getrocknete Zwiebelscheiben kann man gut zum Kochen verwenden.
- **Tomaten:** können entweder halbiert und dann getrocknet werden; oder man schält sie und verarbeitet sie zu Fruchtfleisch, das getrocknet und zu Flocken verarbeitet wird.

Getrocknete Tomaten

Pilze trocknen

Von den Pilzen die Stiele entfernen, die Hüte mit Küchenpapier abreiben oder dünn schälen und die Pilze auf Qualität überprüfen. Kleine Pilze ganz lassen, größere Pilze je nach Sorte in Viertel oder Streifen schneiden. Die Pilze auf einem rostfreien Gitter ausbreiten und im warmen Ofen bei 50 °C trocknen. Sie können die Pilze auch auf einem mit einem Seihtuch oder Nylonnetzen abgedeckten Holzrost in einem speziell dafür vorgesehenen Trockner trocknen. Wenn Sie einen Holzofen haben, können Sie die Pilze auf einem Regal in der Nähe des Ofens trocknen. Sehen Sie regelmäßig nach den Pilzen und wenden Sie diese, wenn nötig. Getrocknete Pilze abkühlen lassen und in kleinen, luftdichten Gefäßen lagern.

Breiten Sie die in Scheiben geschnittenen Pilze sorgfältig auf dem Trockenrost aus.

Zwiebeln und Knoblauch trocknen

Zwiebeln bzw. Knoblauch schälen und prüfen, dass keine faulen Stellen vorhanden sind. In Scheiben schneiden und dann würfeln. Zwiebeln bzw. Knoblauch genauso wie die Pilze auf einem Trockengitter verteilen (siehe oben). Sie können die getrockneten Zwiebel- oder Knoblauchstückchen entweder in kleinen luftdichten Gefäßen aufbewahren. Oder Sie zerkleinern die getrockneten Stücke in einem Mixer zu Pulver. Kleine Gefäße sind in jedem Fall besser, denn das Öffnen führt jedes Mal zu einem Geschmacksverlust.

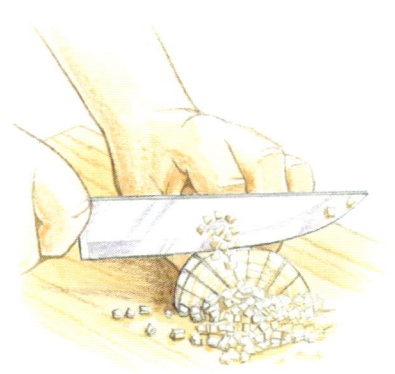

Verwenden Sie ein Edelstahlmesser zum Zwiebelschneiden.

Kräuter trocknen

Pflücken Sie die Kräuter an einem sonnigen Morgen, sobald der Morgentau weg
ist. Je nach Kräuterart die Blätter, Stän-
gel oder Zweige pflücken, prüfen und
braune Blätter entfernen. Kräuter in eine
Papiertüte füllen und an einem warmen,
trockenen Ort aufbewahren. Sie können
die Tüten an die Küchendecke hängen
oder in der Nähe eines Ofens oder
Kamins lagern. Wenn die Kräuter ganz
trocken sind, zerkleinern Sie diese in der
Tüte, entfernen die Stiele und geben
die Kräuter in kleine luftdichte Behälter.
Die Behälter mit Etiketten mit Datum
versehen und in einem trockenen, dunklen Schrank lagern (siehe auch Tipps
zum Lagern auf Seite 107).

**Streuen Sie die getrockneten,
zerkleinerten Kräuter vorsichtig
in saubere, trockene Gefäße.**

Karotten trocknen

Karotten waschen, schälen und alle
beschädigten Stellen abschneiden. Die
Karotten würfeln und blanchieren. Dabei werden alle Enzyme zersetzt, die
für das Verderben verantwortlich sind.
Geben Sie dazu die Karottenwürfel in
ein Netz und halten Sie das Netz eine
Minute in kochendes Wasser. Oder Sie
geben die Kartoffelwürfel in ein Sieb
aus rostfreiem Stahl und dämpfen sie
etwa zwei Minuten. Breiten Sie die
blanchierten Karottenwürfel auf einem
Baumwolltuch oder einem Trockengitter
aus und trocknen Sie diese wie Pilze
(s. S. 117). Wenn die Karotten getrocknet
sind, füllen Sie diese in luftdichte Behälter und lagern sie an einem kühlen, trockenen und dunklen Ort. Überprüfen Sie
die Karotten regelmäßig auf Schimmel.

**Blanchieren oder dämpfen Sie
die Karotten vor dem Trocknen.**

Bananen trocknen

Manchmal gibt es Bananen recht günstig zu kaufen, da der Markt regelrecht überschwemmt wird. Wenn Sie eine große Menge an Bananen erstanden haben, prüfen Sie die Früchte auf weiche, braune Stellen und nehmen nur die besten zum Trocknen. Die Bananen schälen und alle weichen Stellen entfernen. Die Bananen entweder in Scheiben schneiden oder der Länge nach vierteln. Bananen auf einem Seihtuch oder einem mit feinmaschigem Netzstoff bedeckten Rost ausbreiten. Trocknen Sie die Bananen wie Pilze (s. S. 117). Wenn die Bananen trocken sind, geben Sie diese in luftdichte Behälter und lagern sie an einem kühlen, dunklen und trockenen Ort.

Lagern Sie die getrockneten Bananen in sauberen, trockenen und luftdichten Gefäßen.

Tomaten trocknen

Alle beschädigten Stellen von voll ausgereiften Tomaten abschneiden, Tomaten waschen und die Stielansätze entfernen. Die Haut über Kreuz einritzen. Tomaten drei bis vier Minuten blanchieren, häuten und die Kerne entfernen. Zerkleinern Sie die Tomaten im Mixer und passieren sie diese anschließend durch ein Seihtuch. Wenn der Saft abgeflossen ist, das übrige Fruchtfleisch auf einem Teller verteilen und wie Pilze (s. S. 117) trocknen lassen. Lagern Sie die trockenen Tomatenflocken in luftdichten Behältern.

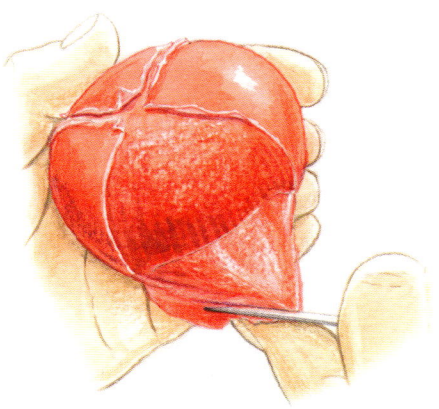

Blanchieren Sie die Tomaten und schälen Sie diese vorsichtig.

Räuchern von Nahrungsmitteln

● **Warum räuchern wir Nahrungsmittel?**

Traditionell war das Räuchern eine Methode zur Konservierung von Nahrungsmitteln. Heute wird hauptsächlich wegen dem Geschmack geräuchert und manchmal werden Nahrungsmittel durch Räuchern gegart. Bei dem Verfahren werden die Nahrungsmittel – meistens Fisch, Fleisch oder Käse – dem Rauch von Holzfeuer ausgesetzt. Wenn Sie selbst räuchern wollen, sollten Sie erst einmal mit Käse anfangen und Fleisch und Fisch pökeln, bevor Sie sich an das Räuchern von frischem Fisch und Fleisch wagen. Geräucherter Käse, gepökeltes Fleisch und gepökelter Fisch bergen weniger gesundheitliche Risiken.

● **Gesundheitliche Bedenken**

Sind geräucherte Lebensmittel ungesund? Zahlen und Fakten besagen, dass ein gewisses Risiko besteht, wenn man beträchtliche Mengen an geräucherten Lebensmitteln zu sich nimmt. Das Problem liegt darin, dass alle geräucherten Nahrungsmittel – Käse, Fleisch und Fisch – Kohlenwasserstoffe enthalten, und diese sind nun mal krebserregend. In Deutschland gibt es Grenzwerte für den Kohlenwasserstoffgehalt. Die beste Methode, um sich den Genuss von geräucherten Lebensmitteln nicht zu verderben, lautet: nicht zu oft und nicht zu viel davon!

● **Heißräuchern**

Beim Heißräuchern werden in kurzer Zeit Fleisch oder Fisch bei hohen Temperaturen gegart und konserviert – ein bisschen wie beim Grillen. Die Temperaturen beim Heißräuchern betragen zwischen 50 und 80 °C; das reicht aus, um die Nahrungsmittel zu garen und Mikroben zu zerstören.

Kalträuchern von Käse

Sie brauchen 1 kg Hartkäse, einen Räucherofen, Holzkohle und Sägespäne aus Holz von einem Apfelbaum oder einem anderen Obstbaum. Der Käse muss etwa eine Stunde an der Luft trocknen. Geben Sie ihn dann oben in den Räucherofen und zünden Sie die Holzkohle an. Wenn die Kohle gut brennt, streuen Sie die Sägespäne darüber und schließen die Klappe. Sorgen Sie dafür, dass das Feuer immer gut brennt, damit ein Höchstmaß an Rauch und ein Minimum an Hitze entsteht. Je nach Geschmack räuchern Sie den Käse kürzer oder länger. Probieren Sie jede Stunde ein Stückchen, bis Ihnen der Geschmack zusagt.

Wenn der Käse zu heiß aussieht, legen Sie ihn auf einen höheren Rost oder verkleinern Sie das Feuer.

● Kalträuchern

Beim Kalträuchern werden die Lebensmittel in einer Räucherkammer geräuchert. Das kann ein Schuppen, eine Hütte oder ein Zimmer sein. Der Rauch wird in den Raum geleitet, sodass die Temperatur zwischen 15 und 25 °C beträgt. Der Rauch umgibt das Fleisch oder den Fisch mit einer Schutzschicht und zerstört zum Teil auch Mikroben an der Oberfläche. Die Nahrungsmittel sind aber nicht gekocht und enthalten im Inneren noch lebende Mikroben. Traditionell wurden die Nahrungsmittel erst gepökelt und dann in die Räucherkammer gebracht. Damit hat man potenzielle Gefahren gebannt.

Warnhinweis

Wenn geräucherter Fisch oder geräuchertes Fleisch eine ungewöhnliche Beschaffenheit hat, wenn die Stücke beispielsweise auseinanderbrechen, klebrig sind, schlecht riechen oder schlecht schmecken, werfen Sie diese unbedingt weg.

Heißräuchern von Fisch

Sie brauchen gut 2 l frisches Wasser, eine Tasse Salz, eine halbe Tasse braunen Zucker, den Saft einer Zitrone, je einen Teelöffel Knoblauch- und Zwiebelpulver, schwarzen Pfeffer und etwa 450 g frischen, küchenfertig vorbereiteten Fisch. Hering oder Makrele eignen sich gut. Wasser, Salz, Zitronensaft, Knoblauch, Zwiebel und Pfeffer in einem Plastik-, Glas- oder Edelstahlgefäß vermischen. Geben Sie den Fisch in diese Marinade und lassen Sie ihn ziehen – pro 450 g Fisch etwa eine Stunde. Danach nehmen Sie den Fisch aus der Marinade, legen ihn auf einen Holzrost, decken ihn mit Seihtuch ab und legen ihn an einen kühlen, gut belüfteten Ort. Nach etwa einer Stunde, wenn der Fisch glaciert aussieht, geben Sie ihn in den Räucherofen – genauso, wie Sie es mit dem Käse (siehe links) gemacht haben. Der Fisch ist fertig geräuchert, wenn er fest ist und sich leicht mit einer Gabel zerteilen lässt. Genießen Sie den Fisch entweder gleich oder heben Sie ihn im Kühlschrank auf – auf keinen Fall aber länger als vier Wochen.

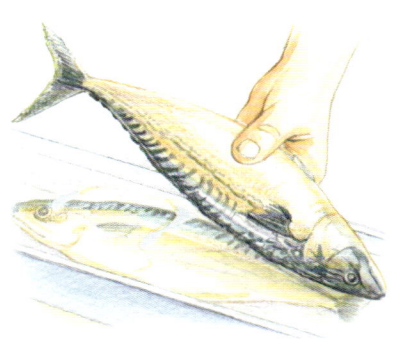

**Marinieren Sie den Fisch
in der Flüssigkeit.**

Pökeln und Kalträuchern von Fleisch

Sie brauchen zwei große Stücke Schweinebauch ohne Knochen, knapp 25 kg Salz, eine halbe Tasse braunen Zucker, schwarzen Pfeffer, einen Eierbecher Salpeter und eine niedrige, wasserdichte Wanne, die groß genug ist, dass der Schweinebauch flach darin liegen kann. Sie brauchen außerdem feinporiges Tuch, das groß genug ist, um die Schweinebauchstücke getrennt jeweils doppelt einzuwickeln, eine kräftige Nähnadel und starken Zwirn.

Fünf Tage nach dem Schlachten alle losen Stücke vom Schweinebauch abschneiden. Geben Sie eine dicke Schicht Salz in die Wanne und legen Sie die eine Schweinebauchhälfte mit der Haut nach unten auf die Salzschicht. Eine Prise Salpeter in die obere Hautschicht reiben. Legen Sie das zweite Stück Fleisch darüber und behandeln Sie es genauso. Die beiden Stücke sollen so aufeinanderliegen, dass die Hautseiten nicht aneinanderliegen. Streuen Sie reichlich Salz darüber und lagern Sie das Fleisch über Nacht an einem kühlen Ort. Am nächsten Morgen die entstandene Flüssigkeit abgießen. Achten Sie darauf, dass zwischen den beiden Fleischschichten ausreichend Salz ist und bedecken Sie das Ganze wieder völlig mit Salz. Nach etwa einer Woche, wenn keine Flüssigkeit mehr austritt, nehmen Sie die zwei Schweinebauchstücke aus der Wanne, bürsten das Salz ab und wickeln die Fleischstücke locker in dem feinporigen Tuch ein. Hängen Sie das Fleisch an einem kühlen, gut belüfteten Ort zum Lufttrocknen auf. Nach etwa zwei Wochen, wenn sich das Fleisch trocken anfühlt, nehmen Sie beide Stücke und nähen sie einzeln in das Tuch ein, als würden Sie ein Päckchen packen.

Nach etwa neun Monaten, wenn der Speck sich ganz hart anfühlt, entfernen Sie das Tuch und hängen das Fleisch in ein kleines Ziegelsteinhäuschen – die Rauchkammer. Stellen Sie einen Holzofen außen an die Rauchkammer – der Rauchabzug muss dabei durch die Kammer gehen – und verbrennen Sie Obst- oder Eichenholz. Das Feuer muss 24 Stunden brennen, dann ist das Fleisch fertig.

Reiben Sie den Salpeter gründlich in das Fleisch.

Das Fleisch doppelt in feinporiges Tuch wickeln und zunähen.

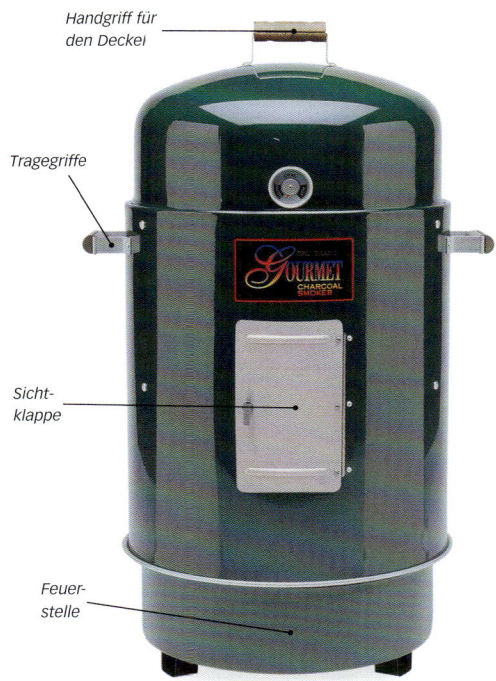

Handgriff für
den Deckel

Tragegriffe

Sicht-
klappe

Feuer-
stelle

Die Anschaffung eines Räucherofens
von ausgezeichneter Qualität lohnt
sich, wenn Sie sich ernsthaft mit dem
Räuchern beschäftigen wollen.

Oberster
Grill und
Rost

Mittlerer
Rost

Wasser-
pfanne

Holzkoh-
lenfeuer

Diese Abbildung zeigt, wie man die
zu räuchernden Nahrungsmittel im
Räucherofen arrangieren kann.

Bier selbst brauen

Ist Brauen kompliziert?

Wenn Sie vorhaben, ausschließlich Ihre eigenen frischen Zutaten zu verwenden, ist es durchaus kompliziert. Wenn etwas schiefgeht – und das ist beim ersten Mal nicht auszuschließen – wissen Sie nie genau, was falsch gelaufen ist. Neulingen rate ich also dazu, den eigenen Hopfen zu verwenden und Getreide und Malz zu kaufen. Wenn Sie mehr Erfahrung gesammelt haben, können Sie alle Zutaten aus eigener Produktion verwenden.

Die Zutaten

Bier wird aus Wasser, Gerste, Hefe und Hopfen hergestellt; die jeweiligen Mengen variieren je nach gewünschter Bierart. Die Gerste wird drei bis vier Tage lang in warmem Wasser eingeweicht, abgegossen und zehn Tage lang ausgebreitet gelagert, bis die Getreidekörner gekeimt haben (das heißt, jedes einzelne Gerstenkorn hat gesprosst). Dann wird die Gerste getrocknet, geröstet, mit Wasser und Hopfen aufgekocht und mit Hefe vermischt. Diese Mischung gärt und das fertige Bier wird schließlich in Fässer oder Flaschen abgefüllt.

Die Art des Bieres, die Sie selbst brauen wollen, hängt natürlich davon ab, welche Zutaten Sie hinzukaufen wollen und welche Zutaten Sie selbst anbauen. Wenn Sie z. B. Gerste, Hefe und Hopfen selbst haben, möchten Sie vielleicht den ganzen Prozess auch selbst durchführen. Wenn Sie nur Hopfen haben, den Prozess beschleunigen wollen und sich nicht mit der Vorbereitung der Gerste abgeben wollen, dann können Sie die fertigen Getreidekörner, flüssiges Malz usw. auch kaufen.

Einfache Methode für das Brauen von Bier

1. In einem großen Topf 7 l Wasser langsam erhitzen.
2. Das gekaufte, zerkleinerte Getreide in einem feinporigen Seihtuch in das Wasser geben und in dem sich erwärmenden Wasser 15–20 Minuten einweichen.
3. Nach 15 Minuten, bevor das Wasser zu kochen anfängt, das Getreide umrühren, auspressen und aus dem Topf nehmen.
4. Wenn das Wasser gekocht hat, den Herd abstellen, fünf Minuten ruhen lassen und das Malzextrakt hineinrühren.
5. Die Flüssigkeit unter ständigem Rühren wieder zum Kochen bringen, darauf achten, dass sie nicht anbrennt oder überkocht.
6. Den Hopfen aus dem Seihtuch in die siedende Flüssigkeit geben.
7. Etwa eine Stunde sieden lassen. Die Herdplatte abstellen und den Topf im Spülbecken in einem kalten Wasserbad abkühlen lassen.
8. Wenn die Mischung abgekühlt ist, in den Gärungsbehälter füllen und mit kaltem Wasser bis zur 23-Liter-Markierung auffüllen.
9. Die Hefe nach Packungsbeilage mischen, in den Gärungsbehälter geben und diesen mit dem Gärröhrchen verschließen.
10. Wenn Schaum aufgestiegen ist, sich gesetzt hat und wieder flacher geworden ist (das dauert etwa fünf Tage), das Gärröhrchen entfernen und das Bier in ein Fass abfüllen.

Bier
abfüllen

Grundausstattung zum Bierbrauen

Die hier abgebildete Ausstattung ist für Brauer, die außer dem Hopfen alles zukaufen, wie Hefe, gemahlenes Getreide und Malzextrakt in Puder- oder flüssiger Form. Die Zutaten werden in einem Topf aufgekocht, die Gärung findet in einer Gärungsflasche aus Glas statt und das Bier wird in ein Plastikfass abgefüllt. Die Größe des Topfes und die Anzahl der Flaschen und Fässer hängt natürlich davon ab, wie viel Bier Sie brauen wollen. Sie brauchen einen Herd, ausreichend Platz und große Tische und Arbeitsflächen. Alle Zutaten für das Brauen sind über Internet-Versandfirmen erhältlich.

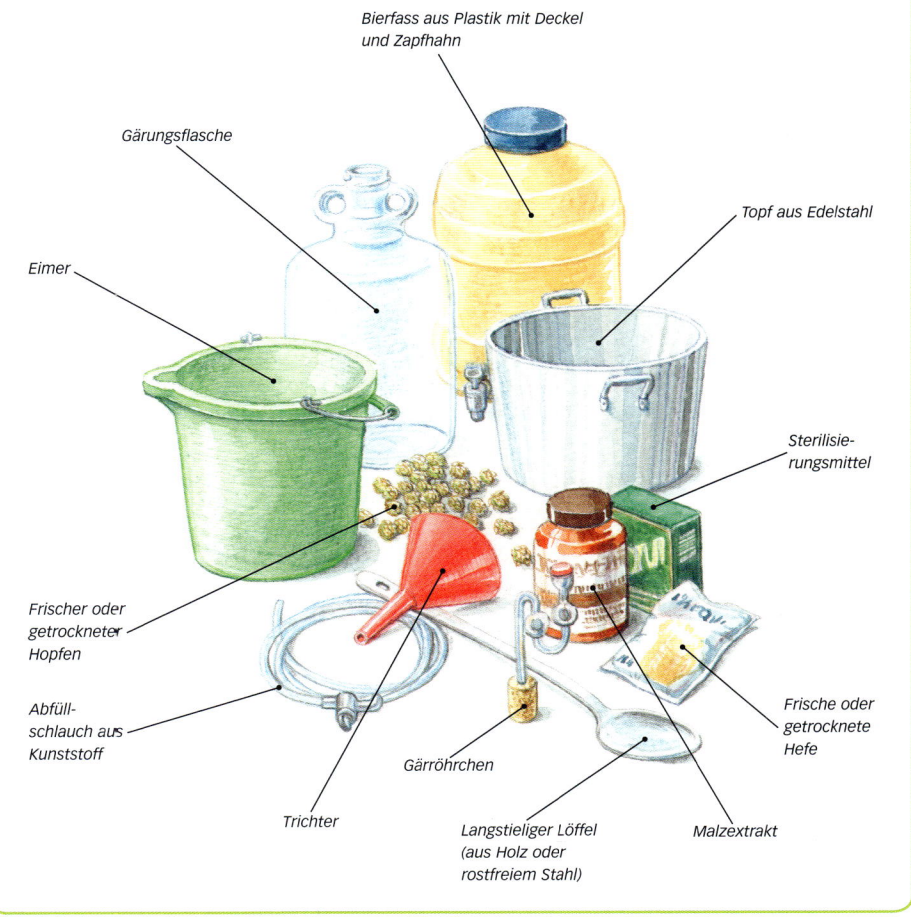

Bierfass aus Plastik mit Deckel und Zapfhahn

Gärungsflasche

Eimer

Topf aus Edelstahl

Sterilisierungsmittel

Frischer oder getrockneter Hopfen

Abfüllschlauch aus Kunststoff

Frische oder getrocknete Hefe

Gärröhrchen

Trichter

Langstieliger Löffel (aus Holz oder rostfreiem Stahl)

Malzextrakt

Wichtige Tipps

Experimente machen: Man sollte immer mal etwas Neues ausprobieren – wichtig ist aber, dass Sie sich Notizen dazu machen. Wenn Sie Hopfen geschenkt bekommen oder ein paar Kräuter hinzufügen wollen, trauen Sie sich! Wenn ein besonders schmackhaftes Bier dabei herausgekommen ist und Sie sich Zutaten und Vorgehensweise genau aufgeschrieben haben, können Sie jederzeit noch mehr davon herstellen.

Sicherheit und Gesundheitsschutz: Die Geräte müssen immer sterilisiert werden. Es darf kein Staub oder Überreste vom letzten Brauprozess an den Geräten sein. Verwenden Sie Fässer aus Kunststoff und keine Flaschen; dann müssen Sie sich keine Sorgen machen, dass die Flaschen explodieren.

Klubs: In manchen Ländern gibt es sogar Klubs, in denen sich die Amateur-Bierbrauer treffen, Wissen austauschen und auch zusammen brauen.

Fachsprache: Bierbrauer sprechen eine ganz eigene Sprache mit Worten wie Mälzen, Maischen, Iodprobe, Läutern, Ausschlagen, Schwimmgerste, Darren, Würzekochen usw. Sie sollten sich schon mit den Fachausdrücken vertraut machen, sie aber erst dann benutzen, wenn Sie genau wissen, wovon Sie sprechen.

Wenn das Bier gut schmeckt

Das ist natürlich erfreulich, aber nur hilfreich, wenn Sie sich alles genau aufgeschrieben haben, sodass Sie das gleiche Bier wieder herstellen können. Jeder Aspekt ist wichtig – wo das Wasser herkommt, Raumtemperatur, Form der Gefäße usw.

● Rezepte

Met

Ein traditioneller Met (Honigwein), den man nach acht Wochen trinken kann. Am besten schmeckt er kalt.

Zutaten:
- 3 Scheiben Ingwer
- 3 Nelken
- 2 Zimtstangen
- 1 Stück Orangenschale
- 900 g Honig
- 1 Tütchen Hefe
- 60 ml Getreidealkohol (z.B. Wodka)

Zubereitung:
1. Ingwer, Nelken, Zimt und Orangenschale in 4,5 l Wasser zum Kochen bringen und sieden lassen.
2. Dann 3,5 l Wasser hinzufügen, zum Sieden bringen und den Honig einrühren.
3. Den Schaum ablöffeln, den Topf vom Herd nehmen und die Mischung zugedeckt über Nacht stehen lassen.
4. Hefe hinzugeben, die Mischung in ein Glasgefäß abfüllen, mit einem Gärröhrchen verschließen und zwei Tage gären lassen.
5. Den Getreidealkohol hinzufügen, die Mischung in ein Fass gießen und acht Wochen gären lassen.

Weizenbier
Ein starkes, erfrischendes Bier

Zutaten:
- 1,8 kg Weizenbierextrakt
- 2 Tassen brauner Bio-Zucker
- 28 g Saazer-Hopfen
- 1 Päckchen Wyeast-Bier-Hefe

Zubereitung:
1. In einem großen Topf 9 l Wasser zum
   Kochen bringen, Weizenbierextrakt
   und Zucker hinzufügen.
2. Zwei Drittel des Hopfens dazugeben
   und 30 Minuten sieden lassen.
3. Topf vom Herd nehmen und den
   restlichen Hopfen hinzufügen.
4. Mit Wasser auf 18 l auffüllen.
5. Abkühlen lassen und die Hefe dazugeben.
6. Gären lassen und in ein Fass abfüllen.

American Pale Ale
Ein typisches Ale – leicht, mit einem
Zitronenaroma

Zutaten:
- 450 g Carapils-Malz
- 3 kg leichter, ungehopfter Sirup
- 28 g Hallertauer Hopfen (Tabs)
- 1 TL Irländisches Moos
- 1 Prise Salz
- 1 Spritzer Zitronensäure
- 2 TL Hefenahrung
- 2 Päckchen Muntons-Hefe

Zubereitung:
1. Malz in 9 l Wasser geben, zum
   Kochen bringen und eine Stunde
   sieden lassen.
2. Mit kochendem Wasser auf 17 l auffüllen und den Sirup sowie die Hälfte
   des Hopfens hinzufügen.
3. Sieden lassen, Irländisches Moos und
   den restlichen Hopfen dazugeben.
4. Eine Stunde sieden lassen und die
   restlichen Zutaten, außer der Hefe,
   hinzufügen.
5. Mit Wasser bis auf 23 l auffüllen und
   die Hefe dazugeben.
6. Gären lassen und in ein Fass abfüllen.

Nichts verleiht ein so herrlich
frisches Hopfenaroma wie eine
hochqualitative Hopfenpflanze.

Cidre herstellen

● **Ist das Herstellen von Cidre so einfach, wie es sich anhört?**

Cidre macht sich praktisch fast ganz von allein. Sie können einen einfachen Cidre herstellen, indem Sie Äpfel in einem Plastikeimer mit einem hölzernen Stampfer zu Brei zerdrücken, den Saft in ein Fass abfüllen und mit einem Gärröhrchen verschließen – der Rest macht sich von allein. Wenn Sie bei den Äpfeln wählerischer sind und etwas Geld in eine Presse investieren, können Sie mehr Cidre in kürzerer Zeit herstellen. Die rechts abgebildete Cidre-Presse ist die beste Möglichkeit.

Bei Sonnenschein Äpfel aufzusammeln, macht sehr viel Freude.

● **Die Zutaten**

Die Qualität des Cidres hängt natürlich von der Apfelsorte, dem Charakter des Wachstumsjahres, der Art und Anzahl der in den Äpfeln natürlich vorkommenden Hefesorten und der Zeit, die man für die verschiedenen Prozeduren aufwendet, ab. Manche Leute zerstören die natürlich vorkommenden Hefesorten und fügen ihre eigene Hefe hinzu, aber im Grunde genommen geht es beim Cidre einfach nur um Äpfel. Was auch toll ist: Die Vorbereitungen sind ein Kinderspiel. Sammeln Sie die von den Bäumen abgefallenen Äpfel ein und werfen sie alle matschigen oder verfaulten Früchte auf den Komposthaufen – das war's schon! Sie müssen sich um Wurmlöcher,

Schälen oder Entkernen keine Gedanken machen. Selbst waschen müssen Sie die Äpfel nicht, wenn der Obstgarten sauber und mit langem Gras bewachsen ist. Ein guter Cidre-Apfel sollte sehr saftig und sauer sein. Erkundigen Sie sich, welche Apfelsorten sich in Ihrer Region am besten zur Herstellung von Cidre eignen, oder experimentieren Sie einfach mit den Sorten, die ohnehin in Ihrem Obstgarten wachsen.

● **Einfache Methode zur Cidre-Herstellung**

1. Das reife, angeschlagene Fallobst von der sauberen Wiese im Obstgarten aufsammeln. Die Äpfel überprüfen und alle verfaulten Früchte wegwerfen. Angeschlagene Stellen, Wurmlöcher und hefige Haut machen nichts – das trägt alles zum besonderen Geschmack bei.
2. Die Äpfel zerdrücken, pressen oder reiben und den Saft in Eimern sammeln.
3. Den Saft in Gäreimer gießen – jeden Eimer dreiviertel voll machen.
4. Die Eimer mit Musselintüchern zudecken, mit Bindfaden festbinden und die Deckel locker darauflegen.
5. Die Raumtemperatur auf 15 bis 21°C konstant halten.
6. Ohne die Tücher zu sehr zu bewegen, den Cidre ein paarmal am Tag prüfen – die Mischung soll leise vor sich hin sprudeln, aber nicht überlaufen.
7. Wenn sich die Flüssigkeit gesetzt hat und die Blasen weitgehend verschwunden sind, den Cidre in ein Fass abfüllen und mit einem Gärröhrchen verschließen.

Abfüllen

Grundausstattung für die Herstellung von Cidre

Die hier abgebildete Ausstattung eignet sich bei folgenden Voraussetzungen: Sie stellen natürlichen Cidre her, verwenden das Fallobst eines sauberen, mit Gras bewachsenen Obstgartens. Sie verlassen sich auf die in den Äpfeln natürlich vorkommende Hefe und Sie haben eine gut ausgestattete Küche.

Sie brauchen eine Presse, Saftmaschine oder einen Mixer, um die Äpfel zu Mus zu verarbeiten, ein paar Kunststoffeimer, zwei 23-Liter-Gäreimer mit Deckel, zwei Seihtuch-Stücke, die groß genug sind, um die Gäreimer abzudecken, ein Raumthermometer, ein 23-Liter-Kunststofffass mit Gärröhrchen und ein Abfüllröhrchen mit Schlauch.

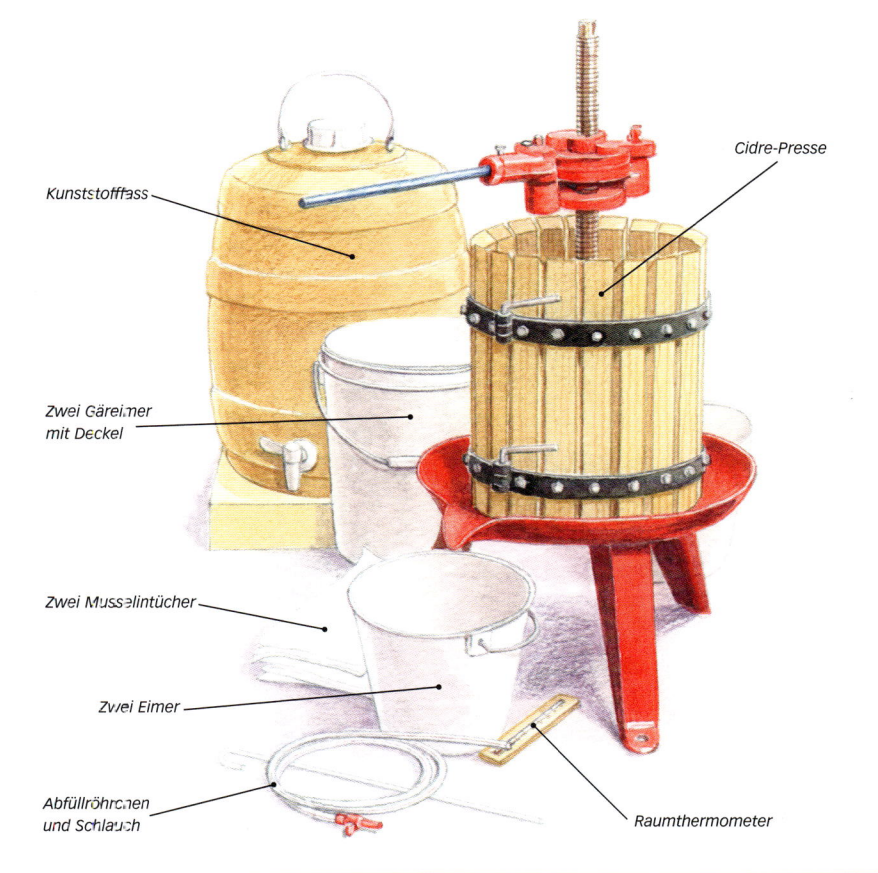

Kunststofffass

Cidre-Presse

Zwei Gäreimer mit Deckel

Zwei Musselintücher

Zwei Eimer

Abfüllröhrchen und Schlauch

Raumthermometer

Wichtige Tipps

- **Neue Ideen:** Probieren Sie einfach mal etwas Neues aus. Wenn Sie sich mit anderen Leuten unterhalten, die auch Cidre herstellen, übernehmen Sie doch mal deren Methoden oder versuchen Sie es mit einer anderen Ausstattung und sehen Sie, was dabei herauskommt.
- **Zweite Pressung:** Traditionell wurde oft eine zweite Pressung gemacht, das heißt, der Saft der ersten Pressung wurde zu Qualitäts-Cidre weiterverarbeitet. Das Fruchtfleisch der ersten Pressung wurde mit Wasser vermischt, über Nacht stehen gelassen und kam dann nochmal in die Presse; dieser Cidre ist qualitativ nicht so hochwertig.

Wenn der Cidre gut schmeckt

Wenn in einem Jahr Ihr Cidre sehr gut schmeckt, hat alles gestimmt: eine gute Apfelsorte, ideale Wachstumsbedingungen, die richtige Menge an Saft, die perfekte Hefe und ein erfolgreicher Herstellungsprozess. Es ist wichtig, dass Sie sich Notizen machen. Am besten führen Sie ein Tagebuch, sodass Sie im nächsten Jahr genau nachvollziehen können, was zu der erfolgreichen Cidreherstellung geführt hat. Wenn Sie z. B. Äpfel vom Nachbarn verwendet oder den Herstellungsprozess variiert haben, sollten Sie das unbedingt notieren.

Wenn der Cidre nicht schmeckt

Wenn der Cidre nach Essig schmeckt, kann es sein, dass die gefürchtete Essigfliege durch das Musselintuch eingedrungen ist. Machen Sie das Beste daraus und verwenden Sie den Cidre-Essig zum Kochen.

- **Rezepte mit Cidre**

Gebackene Äpfel mit Cidre-Soße

Dies ist eine traditionelle Nachspeise aus der Landhausküche.

Zutaten:
- 4 große Äpfel
- 2 EL Rosinen
- 8 Mandeln
- 4 TL Orangenmarmelade
- 4 TL brauner Zucker
- 4 TL Butter
- 1 Tasse Wasser
- 1 Tasse Cidre
- 1 EL Maismehl
- etwas Vanilleeis

Zubereitung:
1. Äpfel waschen und entkernen; das ganze Kerngehäuse muss entfernt werden.
2. Die Äpfel mit Rosinen, Mandeln, Orangenmarmelade, Zucker und Butter füllen.
3. Backofen auf 150 °C vorheizen, Äpfel in eine ofenfeste Form setzen und im Ofen backen.
4. Nach 25 bis 55 Minuten, wenn die Äpfel weich sind, Cidre und Maismehl in einem Topf erhitzen und kochen lassen, bis es eingedickt ist.
5. Zum Servieren die Äpfel in die Cidre-Soße setzen und Vanilleeis darüber verteilen.

Winterlicher Cidre-Glühwein

Ein traditionelles Wintergetränk. Wenn Sie einen großen Auftritt haben möchten, stellen Sie einen heißen Schürhaken direkt in das Gefäß, in dem Sie die Zutaten angesetzt haben, anstatt sie auf dem Herd im Topf zu erhitzen. Das zischt und sprudelt wunderbar. Achten Sie aber darauf, dass niemand in Ihrer Nähe steht, das könnte gefährlich werden.

Zutaten:
- 2 Zimtstangen
- 10 Nelken
- 10 Tassen Cidre
- ½ Tasse dunkelbrauner Zucker
- Saft einer Zitrone
- Saft einer Orange

Zubereitung:
1. Zimtstangen und Nelken in ein Musselinbeutelchen stecken und den Beutel zubinden.
2. Alle übrigen Zutaten in ein hitzebeständiges Gefäß füllen.
3. Die Zutaten mit einem Holzlöffel gut umrühren.
4. Die Zutaten und das Gewürzbeutelchen in einem Topf bei schwacher Hitze 15 Minuten sieden lassen.
5. Die Gewürze entnehmen und den Cidre-Glühwein in Becher gießen.

Eis-Cidre

Ein erfrischendes, leckeres Getränk, das ideal für einen schönen Sommerabend ist.

Zutaten:
- 2,2 l gekühlter Cidre
- 4 große Portionen Vanilleeis
- 4 TL selbst gemachte Erdbeermarmelade oder Sirup
- 4 EL gehackte Mandeln

Zubereitung:
1. Vier Gläser jeweils zu drei Vierteln mit gekühltem Cidre füllen.
2. Die Eiscreme in die Gläser auf den Cidre geben.
4. Marmelade oder Sirup über die Eiscreme träufeln und die gehackten Mandeln darüberstreuen. Sofort mit einem langen Löffel und einem Strohhalm servieren.

Mit Cidre lassen sich sehr leckere Getränke und Nachspeisen zubereiten.

Wein herstellen

● Kann ich aus jeder Obst- und Gemüsesorte Wein herstellen?

Es gibt Leute, die behaupten, dass sie sogar aus Kohle, Eichenblättern, gepressten Bohnen und anderen seltsamen Zutaten Wein gemacht haben – aber warum sollten wir das tun? Wein wird am besten aus Saft mit einem hohen Zuckergehalt hergestellt. Daher ist es viel einfacher, Wein aus herkömmlichen saftigen Früchten wie Rhabarber, Brombeeren, Schlehen, Holunder und Pastinaken herzustellen. Hier wissen wir aus Erfahrung, dass diese Obst- und Gemüsesorten Süße versprechen.

● Die Zutaten

Viele Leute glauben, dass die Weinherstellung recht kompliziert und aufwendig ist. Dem ist aber nicht so, sie ist genauso einfach wie die Herstellung von Cidre. Die Grundzutaten sind: Obst, Gemüse, Blüten oder Kräuter und Wasser, Zucker und Hefe. Die Qualität des Endprodukts hängt von den Grundzutaten, dem Wachstumsjahr, der Hefeart und der Zeit und Mühe, die man aufwendet, ab. Wenn Sie noch Anfänger sind, versuchen Sie es erst einmal mit einem einfachen Wein. Wenn Sie mehr Erfahrung gesammelt haben, können Sie mutig experimentieren.

● Einfache Methode zur Weinherstellung

1. Die Hauptzutaten – das gewaschene und klein geschnittene Obst, Blüten, Kräuter oder Gemüse – mit Zucker und Wasser in einen Gäreimer aus Kunststoff geben.
2. Kochendes Wasser dazugeben.
3. Abkühlen lassen, bis die Mischung lauwarm ist, und dann die entsprechende Weinhefe hinzufügen.
4. Ein feinporiges Musselintuch über den Eimer legen und befestigen.
5. Nach einer Weile, wenn der Schaum und die Blasen mehr oder weniger verschwunden sind – das heißt, dass der erste Gärungsprozess abgeschlossen ist – die Flüssigkeit in einen Glasballon abfüllen, mit einem Gärröhrchen verschließen und in einem dunklen Raum lagern.
6. Wenn der zweite Gärprozess abgeschlossen ist, den Wein vorsichtig in Flaschen abfüllen, diese zukorken und versiegeln.

Abfüllen

Pflücken Sie das Obst für den Wein, wenn es reif, fest, knackig und sauber ist.

● Grundausstattung für die Weinherstellung

Die Abbildung unten zeigt eine typische Grundausstattung, einschließlich der Weinflaschen. Wenn Sie Ihren Wein in Flaschen abfüllen, können Sie nämlich mit Freunden und Nachbarn Weine austauschen. Sie brauchen zwei 23-Liter-Gäreimer mit Deckel, zwei Stück feinporiges Musselintuch, die groß genug sind, um über die Gäreimer zu passen, zwei Gär-Glasballons mit Gärröhrchen, einen 23-Liter-Edelstahltopf, einen großen Kunststofftrichter, ein Abfüllröhrchen mit Schlauch, so viele Weinflaschen, wie Sie auftreiben können, neue Korken, einen Verkorker und eine gut ausgestattete Küche.

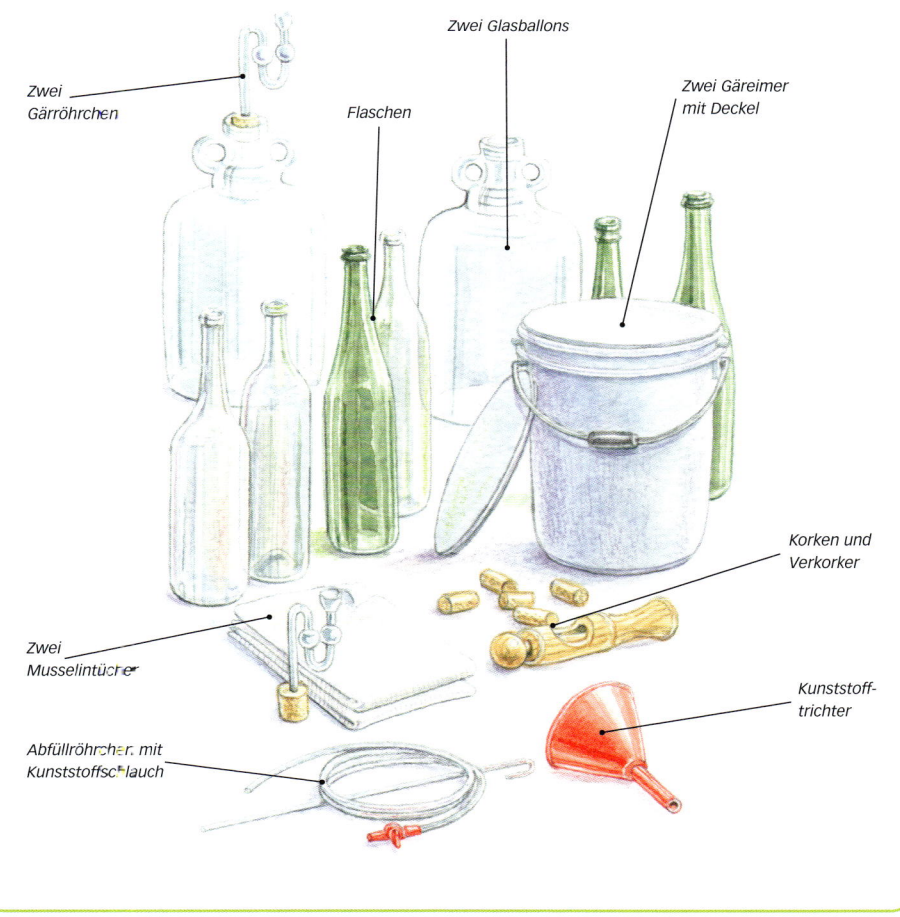

Zwei Gärröhrchen

Zwei Glasballons

Flaschen

Zwei Gäreimer mit Deckel

Korken und Verkorker

Zwei Musselintücher

Kunststofftrichter

Abfüllröhrchen mit Kunststoffschlauch

Wichtige Tipps

- **Sterilisieren:** Sie müssen immer die ganze Ausstattung sauber halten und sterilisieren. Alles muss mit kochendem Wasser gespült und/oder mit einem chemischen Mittel sterilisiert werden: Behälter, Flaschen, Eimer, Löffel und Karaffen. Die meisten Pannen bei der Weinbereitung sind auf nachlässige Reinigung zurückzuführen.
- **Kunststofffass oder Glasflaschen:** Wenn Sie den Wein in Kunststofffässern aufbewahren, ist das leichter und sicherer und Sie haben nicht die Arbeit mit dem Abfüllen. Aber so können Sie den Wein natürlich nicht verschenken. Sie müssen sich also entscheiden, was Ihnen wichtiger ist.

Warnhinweis

Wenn Sie den Wein zu früh in Flaschen abfüllen (bevor der zweite Gärprozess abgeschlossen ist) und/oder Sie zu viel Zucker hinzugegeben haben, können die Flaschen explodieren und schlimme Verletzungen verursachen. Manche Leute füllen den Wein mehrmals von einem Glasballon in den nächsten um, bevor sie ihn in Flaschen abfüllen.

Pflaumenwein

Zutaten:
- 1,8 kg Pflaumen, entsteint und geviertelt
- 900 g Zucker
- 4,5 l reines Wasser
- Burgunder-Hefe

Zubereitung:
1. Pflaumen und 225 g Zucker in einen Gäreimer geben und das kochende Wasser darübergießen.
2. Wenn die Mischung abgekühlt ist, die Hefe laut Packungsbeilage hinzufügen.
3. Nach etwa einem Tag, wenn der erste Gärprozess zurückgegangen ist, weitere 225 g Zucker dazugeben.
4. Nach drei bis vier Wochen weitere 225 g Zucker hinzufügen; nach weiteren 3 bis 4 Wochen die restlichen 225 g Zucker dazugeben.
5. Wenn die erste Gärung abgeschlossen ist, den Wein in die Glasballons abfüllen und mit Gärröhrchen versehen.
6. Wenn der zweite Gärprozess abgeschlossen ist, den Wein in Flaschen abfüllen.

Rhabarberwein

Zutaten:
- 2,2 kg Rhabarber, gewaschen und entstielt
- 1,3–1,8 kg Zucker
- 4,4 l reines Wasser
- 1 Tasse Rosinen
- 2 Orangen, geschält und in Scheiben geschnitten
- 2 Zitronen, geschält und in Scheiben geschnitten
- 28 g Hefe
- 1 dicke Scheibe Vollkorntoast

Zubereitung:
1. Rhabarber in kleine Stücke schneiden.
2. Rhabarber in den Gäreimer geben, Zucker hinzufügen, umrühren und zugedeckt über Nacht stehen lassen.
3. Das Wasser zum Kochen bringen, in die Mischung gießen und den Eimer zudecken.
4. Eine Woche lang jeden Tag umrühren und den Eimer wieder zudecken.
5. Die Flüssigkeit durch ein Seihtuch in einen Topf umfüllen und fast bis zum Kochen bringen.
6. Die heiße Flüssigkeit wieder in den Gäreimer gießen, Rosinen, Orangen und Zitronen hinzufügen.
7. Hefe laut Packungsbeilage mischen, auf die Scheibe Toast geben und den Toast auf der Flüssigkeit schwimmen lassen. Eimer wieder zudecken.
8. Toast entfernen, wenn der erste Gärprozess fast abgeschlossen ist.
9. Nach etwa zwei bis drei Wochen den Wein in die Glasballons abfüllen und mit Gärröhrchen verschließen. Jeden Monat über drei Monate hinweg den Wein in frische Glasballons umfüllen. Nach dem dritten Umfüllen den Wein in Flaschen abfüllen.

Brombeerwein

Zutaten:
- 1 Eimer (9 l Inhalt) mit Brombeeren, geputzt und gewaschen
- 9 l Wasser
- 3,6 kg Zucker
- Burgunder-Hefe
- 1 dicke Scheibe Vollkorntoast

Zubereitung:
1. Brombeeren in den Gäreimer füllen und zu Brei stampfen.
2. Wasser zum Kochen bringen, über die Brombeeren gießen und über Nacht zugedeckt stehen lassen.
3. Flüssigkeit durch ein Seihtuch geben und bis kurz vor dem Kochen erhitzen.
4. Die heiße Flüssigkeit wieder in den Gäreimer gießen und den Zucker hinzufügen.
5. Die Hefe laut Packungsbeilage mischen, auf den Toast geben und die Scheibe Brot auf der Flüssigkeit schwimmen lassen. Eimer wieder zudecken.
6. Nach etwa einer Woche den Toast entfernen.
7. Nach etwa zwei bis drei Wochen den Wein in einen Glasballon abfüllen und mit einem Gärröhrchen verschließen.
8. Jeden Monat über drei Monate hinweg den Wein in einen frischen Glasballon umfüllen. Wenn der Wein klar ist, in Flaschen abfüllen.

Vegetarische Seife herstellen

● **Wie leicht ist es, Seife selbst herzustellen?**

Traditionell wurde Seife aus einer Mischung aus Tierfetten und Natriumhydroxid (in Form von Natronlauge) hergestellt – kein schöner Gedanke, wenn Sie Vegetarier oder Veganer sind. Das Interesse an selbst gemachten vegetarischen Seifenprodukten steigt stetig an. Immer mehr Seifen werden aus reinen Pflanzenölen wie Kokosfett oder Olivenöl hergestellt. Achten

Sie bei den Zutaten darauf, dass sie biologisch sind – frei von Giftstoffen und tierischen Produkten. Lesen Sie sich die Packungsaufschrift genau durch, denn viele chemische Produkte werden auch unter einem umweltfreundlichen Label verkauft.

Warnhinweis
Natronlauge kann Verbrennungen verursachen. Gehen Sie sehr vorsichtig damit um.

● **Ausstattung und Zutaten**

Sie benötigen einen großen Edelstahltopf, eine gut ausgestattete Küche, Krüge, Küchenwaage, Thermometer, Arbeitsoverall, Schutzbrille, Handschuhe, die bis zu den Ellenbogen hochgehen, saubere Decken (oder Ähnliches), ein flaches Tablett aus Kunststoff, Metall oder Holz, ein Rolle Frischhaltefolie, getrocknete Kräuter Ihrer Wahl, 28 g reine Kokosbutter, 200 g reines Olivenöl, 200 g reines, weißes Kokosnussöl, 450 g reines, ungehärtetes Pflanzenfett, 350 g Regenwasser und 115 g Natronlauge.

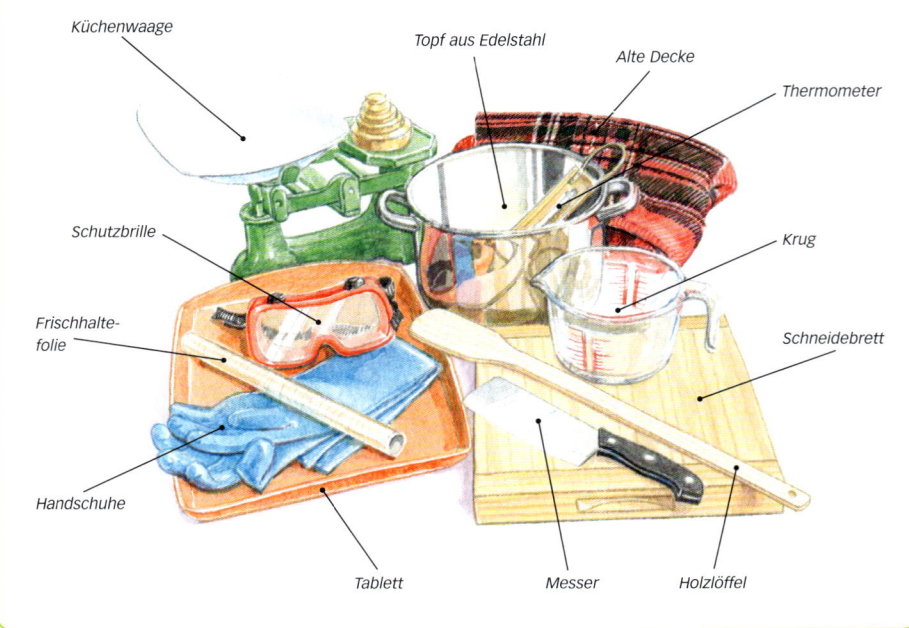

Küchenwaage · Topf aus Edelstahl · Alte Decke · Thermometer · Schutzbrille · Krug · Frischhaltefolie · Schneidebrett · Handschuhe · Tablett · Messer · Holzlöffel

Seifenherstellung Schritt für Schritt

1. Die Decke über der Arbeitsfläche ausbreiten, das Tablett mit Frischhaltefolie auskleiden und auf die Decke stellen. Kokosbutter, Olivenöl, Kokosnussöl und das ungehärtete Pflanzenfett in den Topf geben. Sorgen Sie dafür, dass Sie ungestört arbeiten können und ziehen Sie die Schutzkleidung an.

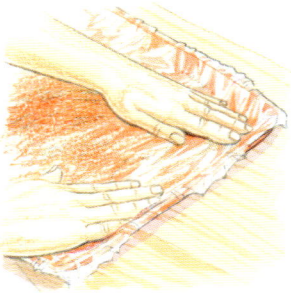

2. Den Topf bei niedriger Temperatur bis auf höchstens 48° C erhitzen und den Herd abstellen.

3. Vorsichtig das Wasser in den Krug gießen, dann die Natronlauge dazugeben und umrühren. Wenn die Ölmischung in dem Topf auf 37 °C abgekühlt ist, die Natronlauge vorsichtig hinzufügen und die Kräuter unterrühren.

4. Wenn die Mischung so weit abgekühlt ist, dass sie eine dickflüssige Konsistenz hat, in das Tablett gießen, mit Frischhaltefolie abdecken und vorsichtig die Ecken der Decke über das Tablett falten, bis es ganz zugedeckt ist. Nach 24 bis 36 Stunden die Seife in handliche Stücke schneiden.

Kerzen selbst machen

● **Was brauche ich, um Kerzen selbst zu machen?**

Kerzen kann man auf unterschiedliche Art und Weise herstellen: Sie können gepresst werden, wie z.B. Teelichter, oder gegossen, wie die meisten kommerziell hergestellten Kerzen; sie können gerollt werden, wie Kerzen aus Bienenwachsblättern; oder sie können eingetaucht sein, wie die alten Landhauskerzen. Man kann auch die verschiedenen Techniken kombinieren. Die hier gezeigte Methode basiert auf der alten japanischen Kunst des Kerzenherstellens für Tempelzeremonien.

Warnhinweis
Heißes Wachs ist gefährlich. Tragen Sie Schutzkleidung und sorgen Sie dafür, dass Sie ungestört arbeiten können.

● **Ausstattung und Zutaten**

Sie brauchen Topf und Schüssel für ein Wasserbad, eine Spitzzange, ein Schneidebrett aus Holz, ein scharfes Messer, ein Skalpell, ein Metalllineal, eine Schere, eine Rolle Baumwolldocht, passend für Kerzen mit einem Durchmesser von 2,5 cm, einen 450 g-Block Bienenwachs, ein Blatt flaches, wabengemustertes Bienenwachs – etwa 30 cm² für 12 Kerzen – eine gut ausgestattete Küche und einen Arbeitsoverall.

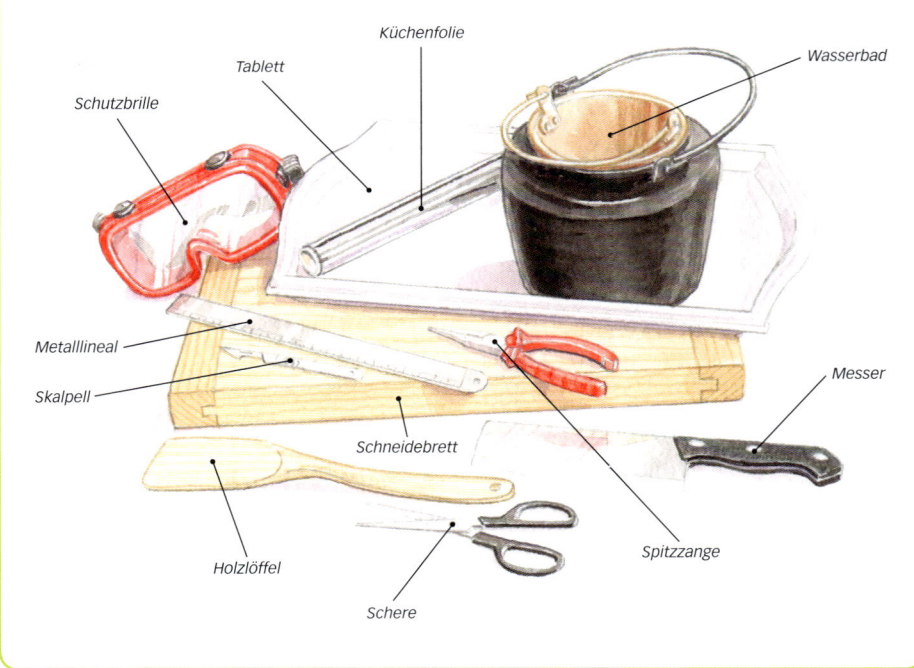

Küchenfolie
Tablett
Schutzbrille
Wasserbad
Metalllineal
Skalpell
Messer
Schneidebrett
Holzlöffel
Spitzzange
Schere

• Kerzenherstellung Schritt für Schritt

1. Den Wachsblock in Flocken schneiden und im Wasserbad erhitzen.

2. Mit der Schere 31,5 cm Docht pro Kerze abschneiden und mit dem Skalpell das Wachsblatt in 12 Streifen von 2,5 cm Breite schneiden.

3. Das Tablett mit Küchenfolie auskleiden und bereitstellen. Mit der Spitzzange den Docht in das Wachs halten, ein paar Mal durch das Wachs schwenken, herausnehmen und zum Trocknen auf die Küchenfolie legen.

4. Einen vorbereiteten Docht am Ende des Wachsstreifens anlegen, sodass ein Ende etwa 1,5 cm hervorsteht. Mit den Fingerspitzen eine feste Wachskerze rollen. Die Kerze in das geschmolzene Wachs tauchen, zuerst mit einem Ende und dann mit dem anderen. Drücken Sie das Wachs mit den Fingerspitzen fest. Wiederholen Sie diesen Vorgang, bis die Kerze einen Durchmesser von etwa 1,5 cm hat.

Glossar

Akkumulator

Wird auch Akku genannt. Akkus speichern elektrische Energie. Meist geschieht dies auf der Basis eines elektrochemischen Systems. Entweder besteht der Akku aus einer wiederauflad- baren Sekundärzelle oder meh- reren Zellen. Zur Erhöhung der Gesamtspannung werden diese in Reihe geschaltet.

Erneuerbare Energien

Erneuerbare Energien, manch- mal auch nachhaltige Energien genannt, bezeichnen alle nicht fossilen Brenn- und Kraftstoffe. Dazu gehören: Wind- und Solar- energie, die Geothermie, Biomas- senenergie und Wasserkraft.

Fossile Brennstoffe

Basieren auf organischen Kohlen- stoffverbindungen, die sich unter- irdisch abgelagert haben – Erdöl, Erdgas, Steinkohle, Braunkohle und Torf. All diese sind Brenn- stoffe, die in geologischer Vorzeit aus Abbauprodukten von toten Pflanzen und Tieren entstanden sind. Die Vorräte an fossilen Brennstoffen werden immer knapper.

Fotovoltaik

Damit wird die direkte Umwand- lung von Strahlungsenergie (im Allgemeinen Sonnenenergie) in elektrische Energie bezeichnet.

Grün

Symbolfarbe, um Menschen, Systeme, Gruppen und Ideen zu beschreiben, die sich mit dem Umweltschutz befassen.

Netzabhängig

Bezieht sich auf alle Gebäude, die von der öffentlichen Strom-, Wasser-, Öl-, und/oder Gasversor- gung abhängig sind. Die meisten Gebäude in den Industrienationen sind netzabhängig.

Netzunabhängig

Dieser Begriff beschreibt Haus- halte in den Industrienationen, die entweder aus Notwendigkeit oder freier Wahl sich selbst mit Wasser und Energie versorgen. Ein Stadthaus ist im Allgemei- nen netzabhängig, während ein Haus auf dem Land, im Gebirge oder tief im Wald netzunabhängig sein kann.

Passiv Heizen

Ein Haus, das Naturerscheinun- gen einsetzt, um Systeme in Bewegung zu bringen – warme Luft, die nach oben steigt; weiße Oberflächen, die Wärme reflek- tieren; warmes Wasser, das nach oben steigt. Ein Passiv-System funktioniert ohne Motoren, Gebläse, Ventilatoren usw.

Selbstversorgung

Ein unabhängiger, in jeden Bereich des Lebens eingreifender Lebensstil, der die Produktion von Nahrungsmitteln, die Schaffung von Energie und das Recycling von Abfall beinhaltet, ohne dass man sich dafür an außenstehende Systeme wendet. Selbstversorgung wurde mal als „Existenz mit Sahnehäubchen" beschrieben. Komplette Selbstversorgung heißt: alle Nahrungsmittel selbst anbauen bzw. halten – Pflanzen wie Tiere, überschüssige Waren eintauschen, die Energieversorgung selbst decken und den Abfall selbst entsorgen. Im Kontext von diesem Buch wird die komplette Selbstversorgung als ein erstrebenswertes, langfristiges Ziel betrachtet, nicht als etwas, das einfach von heute auf morgen zu realisieren ist.

Solarkollektor

Auch Sonnenkollektor genannt. Das ist eine Vorrichtung, welche die in der Sonne enthaltene Energie sammelt. Ein thermischer Solarkollektor heizt mit eingefangener Sonnenenergie ein Übertragungsmedium, z. B. Heizwasser, auf.

Trombe-Wand

Nach ihrem Erfinder Felix Trombe benannt: eine Kombination von passiver Solar-Heizung und passivem Lüftungssystem, das aus einer mit Glas verdeckten Betonwand besteht. Die Sonne scheint durch das Glas, die Wand absorbiert die Wärme und der Zwischenraum zwischen Glas und Wand wird zu einem thermalen Kamin. Die entstandene warme Luft innerhalb des Kamins wird durch natürliche Konvektion entweder ins Haus

– sodass die Räume geheizt werden – oder aus dem Gebäude herausgeleitet – sodass die Innenräume gekühlt werden. Das Besondere an dem System ist, dass es ohne komplexe elektromechanische Systeme auskommt – keine Kühler, Motoren oder Absaugventilatoren.

Umweltfreundlich

Für die Umwelt nicht schädlich oder bedrohlich. Es gibt Gruppen, Lebensweisen, Gegenstände und Systeme, die sich als umweltfreundlich bezeichnen. Teilweise wird der Ausdruck von den Medien und der Werbung ausgeschlachtet und alles vom Waschpulver bis hin zum T-Shirt wird als umweltfreundlich bezeichnet. Hier sind kritische Verbraucher gefragt, die nicht alles glauben, was irgendwo geschrieben steht.

Register

Bildnachweis

BBQ and Smoker Specialists
Brushy Mountain Bee Farm
Centre for Alternative Technology (CAT)
David Bates
Dulas Ltd
Iskra Wind Turbines Ltd
Jason and Kerry Weller
Peter Hood
Purebred Dexter Cattle Association of North America
Richard Lutwyche
Shetland Cattle Breeders Association
The Caldwell Family
design cat GmbH

Shutterstock: Monkey Business Images
Cover back; Vlad Teodor Cover front